Meinem Sohn Stefan gewidmet

Jürgen Augst

Das Geheimnis der Einheit

Der Stoff dieser Welt ist der Stoff der Gedanken
Eine Sichtweise des Lebens

EWERTVERLAG

ISBN 3-89478-174-2

Copyright © 1998 by
EWERTVERLAG S.L.
E-35290 Playa del Inglés - Gran Canaria
Alleinvertrieb für die deutsche Ausgabe
EWERTVERLAG GmbH
Mühlentannen 14
49762 Lathen (Ems)
Telefon: 05933/92620 Fax: 05933/92621

Inhaltsverzeichnis

Erster Teil 8
Vorwort 8
Das Geheimnis der Einheit 11
Bewußtsein 17
Das Unterbewußtsein 22
Meditation - Heilmeditation 26
Der günstigste Zeitpunkt 28
Was kann Meditation 30
Die Zeichen Deines Körpers 34
Die Meditation des Lichtes 39
Zwiegespräch mit einem Menschen 44
Meditation zum Tag 52
Reinkarnation und die Lehre von der Wiedergeburt 54
Wie kamen die Seelen auf die Erde? 56
Was ist Leben? 63
Der Weg zum See Deines Lebens 65
Was bedeutet das Wort "Gott" 69
Karma und dessen Bedeutung 71
Vom Wollen und Loslassen 76
Der Lebensplan und die Formel der Schöpfung 81
Der Geist heilt 84
Gedanken über die Liebe 89
Polarität 91
Zufall oder Analogie 96

Zweiter Teil (Meditationen) 100
Das Bad im See 101
Der Aufstieg zum Turm 104
Deine Vergangenheit und Deine Zukunft 106
Aura sehen 108
Seele sehen 111

Organe sehen	114
Der Tunnel zur 3. Ebene	116
Der Weg in Deine Hölle	122
Die 3. Ebene	124
Die Farb- und Klangebene	124
Der Feuersturm	125
Die kosmische Ebene	125
Friedensmeditation	126
Heilmeditation	126
Dritter Teil	127
Über das Schicksal als Weg der Esoterik	129
Intuition für Deine Zukunft	133
Wir besiegen den Tod	138
Spuren unser Herkunft	144
Meine Empfehlungen an Dich	147
Literaturnachweis	148

Vorwort von
Frau Dr. Dr. he mult. Christina Göhring

So viele Welten gibt's und so viel ist zu tun.
So wenig ist getan, damit dies alles sei.

Jürgen Augst schreibt über seine Sichtweise vom Leben. Er schreibt von seinen Welten. Jürgen Augst ist ungewöhnlich, er ist ein Wundertier. Sein Buch hilft, das Wundertier auch in sich zu entdecken. Das ist der Hintergrund auch für mein etwas anderes Vorwort.

Wundertiere

Ob Wundertiere traurig weinend Flügel weglegen?
Wundertiere weinen nicht,
Wundertiere sind von Fesseln frei,
göttlich getragen von Venus.
Wundertiere fabeln Hoffnung,
sind Mondfreunde -
nur ihr Mond ist größer.
Wundertiere haben ihren Stern,
Morgenwind umsäuselt ihre Haut.
Sie lassen die sterbliche Welt hinter sich, sind zeitlos.
Wundertiere haben immer einen Wundertiergenossen
an ihrer Hand bei sich und reden miteinander über Wolken.
Wundertiere sitzen nie im Trauerwartesaal,
finden immer den Regenbaum,
wissen, was geheim,
wissen alles ums Leben, Götter, Glück
und sind mit all ihrer Liebe
so oft so allein.

Vorwort des Autors

Wir leben in einer Zeit auf Erden, in der Menschen überall danach suchen, mehr über die Geheimnisse des Geistes, der Seele, des Seins zu erfahren und zu verstehen.

Gerade in unbeständigen Zeiten suchen wir nach übersinnlichen Erklärungen für Ereignisse des täglichen Lebens. Laut einer nationalen Umfrage der < National Opinion Research Council > glauben heute doppelt soviel Menschen der westlichen Welt Kontakt zu Verstorbenen gehabt zu haben als noch vor zehn Jahren. Noch dramatischer wird das Verhältnis bei außersinnlichen Wahrnehmungen.

Im Laufe der Geschichte finden wir in allen Kulturen Erfahrungen von Hellsehern dokumentiert. Es gab schon immer Individuen, die sich für fähig hielten, die Lösungen für dringliche Probleme des Lebens aufzeigen zu können. Dabei müssen wir nicht über besondere Begabungen oder Fähigkeiten verfügen, um Antworten auf alle Fragen des Lebens zu bekommen. Jeder Mensch auf dieser Welt hat alles Wissen in sich. Die technische Entwicklung und der Fortschritt nehmen rasant zu. Und doch stößt die Wissenschaft immer wieder an ihre Grenzen. Würde sie ihren Blick auf die Gesamtheit richten und nicht überall nach Beweisen suchen, die wahrscheinlich nicht zu erbringen sind, ihr Denkmuster verändern, könnte sie zu dem Schluß kommen, daß das Übersinnliche Wirklichkeit ist.

Dieses Buch beinhaltet Erkenntnisse, die ich durch Begegnungen, Erfahrungen und Übungen (insbesondere in der Meditation) gewonnen habe. Ich will versuchen, Dir "meine" Sichtweise von den Zusammenhängen des Lebens zu schildern.

Wie gesagt, es ist meine Sichtweise. Wenn Du nur teilweise so fühlen, glauben oder erfahren kannst, dann würde ich mich freuen. Ich weiß, daß gerade heute, im Zeitalter des "Wassermannes", die verschiedensten Theorien zu Übersinnlichem kursieren. Jede hat ihre Berechtigung, solange sie dem Suchenden hilft, das Leben zu meistern. Leben ist nicht einfach, aber es ist äußerst spannend und wir alle haben uns dieses Leben ausgesucht. Wir wollen leiden, uns ärgern, lieben, die Freude und das Glück erfahren, etwas für uns schaffen und träumen. Daß die Wirklichkeit der Traum ist und nicht das Leben, mag für Verwirrung sorgen, doch wenn Du die Zusammenhänge begreifst, lernst, meiner Sicht ein Stück zu folgen, dann wirst Du den Sinn des nachfolgenden Satzes begreifen.

Das Leben ist der Traum, aber Du mußt diesen Traum hier leben!

Wir „träumen" oft nur kurz. Genauso kurz ist das Leben. Was vorher und nachher mit uns geschieht, und daß dieser Zeitraum um ein Vielfaches länger ist als der, den wir als „Leben" bezeichnen, wirst Du noch lesen dürfen. Der Alltag gibt Dir zahlreiche Hinweise auf die andere Welt, nur haben wir es verlernt, diese zu erkennen und für uns zu nutzen.

Die folgenden Seiten sollen Dich dieser anderen Welt ein Stück näher bringen. Einer Welt, in der die allgemein bekannten, physikalischen Gesetze nicht mehr gelten.
In der es keine Zeit und keinen Raum gibt. Die Welt der Seelen und ihrer spirituellen Herkunft. Eine Antwort auf die Frage nach dem Sinn des Lebens.
Einiges wird Dir bekannt vorkommen, da es Dir im Alltag so oder so ähnlich begegnet ist, vieles aber wird neu für Dich sein.

Das Buch zu lesen setzt die Bereitschaft voraus, neue Gedanken in sich aufzunehmen. Vor allem aber, Dein Bewußtsein zu erweitern, veraltete Denkweisen über Bord zu werfen, um Platz zu schaffen für Veränderungen.

Im ersten Teil dieses Buches widme ich mich einigen allgemeinen Begriffen und Sichtweisen, um das Wesen der Wirklichkeit zu erklären.

Der zweite Teil befaßt sich mit Meditation und anderen übersinnlichen Erfahrungen.

Im dritten Teil erfährst Du, wie Du das Erlernte im täglichen Leben anwenden kannst. Damit die Meditationen wirken können, würde ich Dir empfehlen, daß Du die von mir vorgegebenen Zeitabstände einhältst und den Anweisungen genau folgst. Da es aber meine Zeitabstände sind, die ich benötigt habe um die Meditationen zu erlernen, wird das für Dich immer nur als Empfehlung stehen. Es ist durchaus möglich und wahrscheinlich, daß Du in Deinen spirituellen Anlagen weiter bist als ich. Finde es selbst heraus, und wenn Du feststellen solltest, daß Du weniger Zeit brauchst, die Meditationen zu verinnerlichen, dann versuche nicht, Dich meinem Rhythmus anzupassen. Denke immer daran, daß jeder Mensch in seinem eigenen Rhythmus schwingt und, egal wie langsam oder schnell dieser ist, er ist für Dich genau richtig.

Ich danke all den lieben Menschen, die mein Leben bis heute begleitet haben und noch begleiten, und die mich zu meinem Wissen geführt haben. Ich danke dem universellen Geist, daß ich diese Erfahrungen machen durfte.

Besonderer Dank gilt Frau Gerda Bareuther, die in mir das erweckt hat, was schon lang schlummerte. Es ist ein großes Glück und ein Geschenk der Liebe, daß es Menschen wie Gerda gibt. Nicht zu vergessen, Annerose. Durch sie bin ich erst zum Nachdenken gekommen. Sie war und ist bis heute der Katalysator für meine spirituelle Entwicklung.

Das Geheimnis der Einheit

Alles ist "Eins", alles war "Eins" und alles wird "Eins" sein.
Laß diesen Satz einfach auf Dich wirken. Alles ist „Eins", alles war „Eins" und alles wird „Eins" sein. Oberflächlich betrachtet kann wahrscheinlich kein Mensch sich das visuell vorstellen. Und doch ist es die Realität.

Das, was Du als Dingheit siehst, ist in Wirklichkeit nur eine Täuschung Deiner Sinne. Sie ist auch unbedingt notwendig, denn wir würden, könnten wir die wahren Zusammenhänge bewußt wahrnehmen, völlig verrückt werden. Unser Verstand ist immer noch von den Sinnen getrennt und somit sind wir momentan gar nicht in der Lage, die „Einheit" ins Bewußtsein zu integrieren.

Als Physiker anfingen, das Atom genauer anzusehen, lösten sie damit eine Kette von Entdeckungen aus, die unsere Sicht von der Welt, der Schöpfung, sogar vom Bewußtsein und der Beziehung zwischen dem Bewußtsein und der materiellen Welt, veränderten. Zunächst einmal wird im subatomaren Bereich der Physik der Begriff der "Dinge" beinahe untauglich.

Die "Dinge" erscheinen als nicht feste, sondern flüchtige Konzentrationen von Energie.

Einsteins berühmte Gleichung **$E = MC^2$**, die Masse mit Energie gleichsetzt, ist in einem Bereich angesiedelt, in der die Auffassung der Welt als "Dingheit" praktisch verschwindet. Statt dessen verdichten sich Energiequanten an einem bestimmten Ort. Wenn in einem solchen Zusammenhang noch von "Ding" gesprochen wird, ist damit kein Gegenstand, wie Du ihn normalerweise kennst, gemeint, sondern eine stehende Welle.

Diese Welle steht anscheinend still, aber tatsächlich tut sie dies nur durch das Zusammentreffen mit einer anderen Welle, die sich in entgegengesetzter Richtung bewegt.

Das Wort *Welle* ist ein Substantiv und Du könntest dabei an einen Gegenstand denken; in Wirklichkeit wird hier ein Vorgang beschrieben.

Also: "Dinge" lösen sich in Wellenstrukturen von Energie auf.

Vereinfacht ausgedrückt bedeutet das, daß alles was wir wahrnehmen und sehen können, nur Energie mit unterschiedlichen Schwingungen ist. Auch wir sind ein Teil dieser Energie. Nur haben wir ein anderes Schwingungsmuster als zum Beispiel die Elektrizität oder die Vegetation. Wasser hat tiefere Schwingungsmuster als zum Beispiel das Licht.

Eine entsprechende Vorhersage liefern auch die von James Clerk Maxwell aufgestellten Gleichungen, welche die Wechselwirkungen elektromagnetischer Felder beschreiben. Grund ist das sogenannte Relativitätsprinzip. Es besagt, daß kein physikalisches Experiment in der Lage ist, den gleichförmigen Bewegungszustand eines Bezugssystems durch die Beobachtung der hier ablaufenden Vorgänge festzustellen. Weder die Angabe eines Ortes in Raum und Zeit, noch eine gleichförmige Bewegung, können die physikalische Wirklichkeit also tatsächlich beschreiben.

Der bekannte Physiker Fritjof Capra sagte bei einem Vortrag:

„Wenn wir in die Materie eindringen, zeigt uns die Natur keine isolierten Grundbausteine, sondern erscheint eher als ein kompliziertes Gewebe von Zusammenhängen zwischen den verschiedenen Teilen des Ganzen. Diese Zusammenhänge schließen immer den Beobachter ein. Der menschliche Beobachter bildet immer das Schlußglied in der Kette von Beobachtungsvorgängen, und die Eigenschaften eines atomaren Objekts können nur in Begriffen der Wechselwirkung zwischen Objekt und Beobachter verstanden werden."

Es wird klar, daß die klassische Vorstellung einer objektiven Beschreibung der Natur nicht mehr gilt. Im atomaren Bereich kann eine Trennung vom Ich und der Welt nicht mehr gelten.
Bezogen im Zusammenhang mit Deiner Wahrnehmung, die letztendlich nur eine Täuschung der Wirklichkeit ist, steht auch noch eine für mich revolutionäre Theorie.
Die Theorie, daß allein das Bewußtsein dafür verantwortlich ist, daß unser Universum sich ausbreitet. Unser Universum besteht aus unzähligen Teilchen. Diese Teilchen verändern ihre Strukturen nur durch die Tatsache, daß sie beobachtet werden. Aus dem Teilchen wird eine Welle, sie erzeugt unter anderem das Gefühl von Raum und Zeit. Beobachten bezieht sich hier nicht nur auf das Sehen, sondern beginnt bereits mit Deiner Bewußtwerdung.
Wellen manifestieren sich in verschiedenen Energieformen und eine dieser Wahrnehmung ist die Dreidimensionalität.
Wenn demnach die Dreidimensionalität und das Raum-Zeitgefühl eine Täuschung ist, gibt es auch keine Vergangenheit, Gegenwart und keine Zukunft. Also, ist alles „Eins". Wir kommen somit dem „Geheimnis der Einheit" ein Stück näher. In späteren Abschnitten, besonders zum Thema Reinkarnation, werde ich zur einfachen Verständigung von Zeitwahrnehmungen sprechen. Zeit ist relativ, da Zeit nur in unserer Vorstellung existiert.
Demnach könnte die "Schöpfung" oder die „Wirklichkeit" nicht als eine Ansammlung von Dingen beschrieben werden, sondern als ein Teil von Energiestrukturen. Es ist immer derselbe Energiekörper, der in verschiedenen Strukturen erscheint.
Es ist nicht nur alles auf der Erde miteinander verbunden, sondern alles ist wirklich dasselbe Ding -Energie-, die sich bewegt und verschiedene Formen annimmt.
Werner Heisenbergs "Philosophie des Unbestimmbaren" ist ein Versuch eines naturwissenschaftlichen Beschreibungsmusters zum Wesen der Wirklichkeit.

Erkenntnis kann niemals vom Bewußtsein des Erkennenden abgelöst sein.
Der Physiker Sir Arthur Eddington formulierte dies mit den Worten:

> **"Der Stoff dieser Welt, ist der Stoff der Gedanken."**

Du bist nicht in der Lage, die Wirklichkeit an sich zu sehen. Das, was Du wahrnimmst, ist das Ergebnis Deiner Art und Weise zu beobachten, d.h., das was Du denkst, Dir bewußt wird oder wie Du eine Sache betrachtest, ist nur ein Spiegelbild Deiner Gedanken.

"Es gibt nichts Mächtigeres als eine Idee, deren Zeit gekommen ist." "Gedanken sind wie Dinge, Phantasie ist die Wirklichkeit."

Diese Behauptungen stellen vielleicht Dein Weltbild total auf den Kopf, so wie sie es auch bei mir anfangs taten. Aber die Welt des Geistes ist wirklicher, ja realer als die Welt der materiellen Dinge, denn die materielle Welt ist nur ein flüchtiger Schatten, ein Produkt der vom Geist projizierten Muster feinstofflicher Energie. Glaube nicht, das was Deine Augen sehen sei real.

Es ist Dein geistiges und nicht Dein äußeres Auge, welches sieht. Alles was Du siehst entstand zunächst in Deiner Vorstellung. Sie ist etwas viel Grundsätzlicheres als das Sehen.

Dein Auge sieht nur, was Deine Vorstellung bereits durch Intuition begriffen hat. Sinnestäuschungen eignen sich am besten um zu erfahren, wie Dein Geist das, was Du siehst, stärker beeinträchtigt als Deine Augen.

Ein sehr gutes Beispiel sind Flächendarstellungen in der Kunst. Flächen mit gleichen Grauwerten wirken heller auf schwarzem Grund, während sie auf weißem Grund dunkler erscheinen als sie in Wirklichkeit sind.

Abb. Gleichartige graue Flächen auf schwarzem und weißem Grund

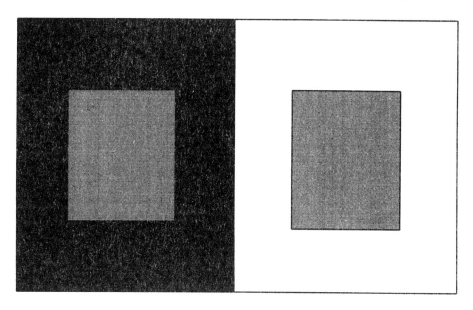

Dein Geist hat Deine Sinne getäuscht. Vixierbilder eignen sich ebenfalls sehr gut dafür, daß das, was Du Dir einbildest zu sehen, das Muster beeinflußt, mit dem das Auge durch die Betrachtung gezeichneter Striche Informationen aufnimmt. Ein Zusammenspiel von Geist und Materie.

Die moderne Physik hat entdeckt, daß die dem Geist und der Materie zugrundeliegende Einheit eine spezielle Dynamik zur Folge hat. Zwischen beiden kann eine unmittelbare Kommunikation, schneller als Lichtgeschwindigkeit, über weite Distanzen stattfinden. Ein Beweis, daß "Fernheilung", ausgelöst durch die Kraft des Geistes, der Gedanken und deren Kommunikation (zwischen Heiler und Patient), durchaus funktioniert.

Materie ist bis zur Sichtbarkeit reduzierte Energie, und das eine kann sich in das andere verwandeln.

Physiker haben diese Aussage inzwischen bestätigt und wissenschaftlich nachgewiesen, daß das, was Deinem Auge als Ding erscheint, eigentlich aus atomaren Partikeln besteht, die sich in unterschiedlicher schneller Bewegung befinden.

So kam die Quantenphysik auf das Geheimnis der Einheit.

Bewußtsein

In den vergangenen Abschnitten habe ich den Versuch unternommen, Dir die Einheit zu erklären und Du weißt jetzt, was Einheit ist. Da Du aber die Einheit nicht denken kannst, den Punkt nicht triffst, hat sich die Natur einer List bedient, der Polarität.
Sie ist da, damit wir Menschen unterscheiden können, sehen können, bewußt werden, Bewußtsein entwickeln, um letztendlich "Erkenntnis" zu erlangen.
Was ist überhaupt für Dich Bewußtsein?
Hast Du Dir schon einmal Gedanken darüber gemacht?
Ist Bewußtsein Selbsterkenntnis?
Erfahrung über Erlebtes, über Gefühle, Erfahrung über und von anderen. Ist Bewußtsein Umwelt, Umfeld?
Erfordert die Geschichte des menschlichen Bewußtseins kein Studium? Läßt sich bei einem solchen Studium Weisheit gewinnen?
Oder müssen wir in diesem Leben nur mit dem Gesicht gegen die Wand herumlaufen. Wie willst Du Zusammenhänge begreifen lernen, wenn Du nicht einmal etwas über das Bewußtsein und dessen vielfältige Formen weißt?
Bewußtsein - sich bewußt werden - ist nur eine Form der Wahrnehmung. Wenn Du Dir Dein Dasein oberflächlich ansiehst, dann könntest Du zu dem Schluß kommen, daß Dein Leben, mit allem was Dich umgibt, den Personen, der Natur, den Gegenständen und sogar dem Universum, die Welt, mit Dir verbunden ist. Leider, sei es aus Selbstgefälligkeit, Arroganz, weil nicht sein kann, was nicht sein darf, oder sei es aus Unwissenheit, betrachtet ein Großteil heutiger Wissenschaftler die Schöpfung so und sie wundert sich, wenn sie immer wieder an Grenzen stößt. Daß das nicht so ist, hast Du schon erfahren. Es ist alles dasselbe Ding.
Du erinnerst Dich an den Tanz der Energiestrukturen?

Deine Art und Weise, die "Wirklichkeit" wahrzunehmen, sie zu betrachten, geschieht, in dem Du unterscheidest. Du unterscheidest zwischen gut und böse, schwarz und weiß, oben und unten, links und rechts, nah und fern, hell und dunkel, heiß und kalt, usw.

Du benötigst immer das Gegensätzliche, um zu erkennen. Würdest Du das nicht tun, könntest Du nicht erkennen, wärst Du Dir nicht bewußt. Ich will versuchen, Dir das an einem Beispiel deutlich zu machen.

Stell Dir vor, Du füllst zwei Krüge mit Wasser. In den ersten Krug gibst Du kaltes und in den zweiten Krug warmes Wasser. Das kennst Du, Du weißt aus Erfahrung, wie sich kaltes und warmes Wasser anfühlt, wenn Du eine Hand eintauchst - es ist Dir bewußt.

Du weißt, wie Deine Sinne darauf reagieren, denn es ist gespeicherte Erfahrung. Wir fühlen alle dasselbe, und ich könnte jeden Menschen auf der Erde mit verbundenen Augen zuerst mit seiner Hand in den einen und dann in den anderen Krug eintauchen lassen. Das Ergebnis wäre immer das gleiche. Befragt, in welchem Krug sich das kalte oder das warme Wasser befindet, bekommen wir immer die richtige Antwort.

Was aber wäre, wenn Du das Attribut **warm** gar nicht kennen würdest, wenn es nicht in Deinem Bewußtsein gespeichert wäre? Oder nimm das Gegensätzliche **kalt**.

Nimmst Du nur eines dieser Attribute weg, wärst Du nicht mehr in der Lage überhaupt zu definieren, was warm oder kalt ist, denn Du kennst es nicht, Du hast es nicht erfahren, nicht in Deinem Bewußtsein. Vielleicht kann dann der Satz "**So bist Du**" jetzt für Dich eine neue Bedeutung erhalten.

Laß uns der Qualität dieses Satzes nachgehen.

Die Welt bist Du, und die ganze Welt ist Gott.

Du bist also die Welt. Mit anderen Worten: "Du bist Gott." Es wird gesagt, daß dies die Stimme der "Ich bin" Präsanz in Dir ist, des Gottes, der in Dir ist. Du könntest den Einwand erheben, daß Du nicht so groß und mächtig bist wie Gott.

Die Gegenfrage könnte lauten: "Wer oder was ist überhaupt Gott?"

Aber laß doch einmal zu, das zu erleben, lasse die kleine Stimme in Dir zu Dir sprechen. Damit Du Dich vertraut machen kannst, schau Dir folgende Übung an.

Visualisiere bitte ein Wort oder ein Bild, konzentriere Dich darauf.

Du kannst die Augen dabei schließen, Dich völlig entspannt zurücklehnen, wenn Du möchtest auch noch den Raum, in dem Du Dich befindest, verdunkeln und dafür Sorge tragen, daß Du auf keinen Fall von Dritten gestört wirst.

Laß Deine Gedanken nicht wandern. Während Du Deine Aufmerksamkeit auf dies innere Wort oder Bild richtest, wirst Du feststellen, daß Deine Gedanken gelegentlich, trotz Deiner gegenteiligen Absicht, abschweifen und Deine Konzentration nachläßt, um über andere Dinge nachzudenken.

Wenn Du in der Lage dazu wärst, könntest Du Dir selbst sagen: "Jetzt denke ich über dies (etwas anderes) nach, jetzt hat meine Konzentration gewechselt." Meistens passiert der Wechsel der Konzentration oder das Abschweifen der Gedanken bevor Du Dir dessen bewußt wirst.

Du wirst auch feststellen, daß sich das Wort oder Bild, auf welches Du Dich konzentrierst, verändert oder sich in etwas anderes verwandelt, sich vielleicht bewegt und keinesfalls ruhig und beständig bleibt.

Versuche Dich trotzdem erneut weiter auf das visualisierte Bild oder das Wort zu konzentrieren. Wenn Du so verfährst, wirst Du feststellen, daß das "Ich", das diesen Versuch macht, nicht das einzige Aktionszentrum in Dir ist. Es muß eine andere Quelle des Willens geben, die Deine Aufmerksamkeit stört. So sehr Du Dich auch anstrengst, Du wirst immer wieder abgelenkt und auf Dauer hast Du keinen Erfolg und außerdem ist es ermüdend.

Werde Dir dessen bewußt, daß es mehr in Dir als das Gefühl vom "Ich" gibt, das versucht, die "Dinge" zu ändern. Was ist passiert? Es gab einen Kampf zwischen zwei Parteien, aber im Hintergrund war noch etwas "Anderes", das alles aufzeichnete. Es versuchte sich nicht in den Kampf einzumischen und verstrickte sich auch nicht in Zweifel, für wen und was es Partei ergreifen soll. Es blieb, bei allem was passierte, neutral. Es erhob nicht den Finger, als Deine Konzentration nachließ und zeigte auch keine Erleichterung, wenn Deine Aufmerksamkeit zurückkam. Was ist das, was hier zugleich Beobachter und Verwalter ist?

Es ist ein Untersystem des Geistes oder nenne es einen Teil von Gott, das intelligent ist, wahrnimmt und denkt, die gewohnheitsmäßigen Aspekte Deines Lebens verwaltet.
Obwohl es ein Teil von Gott ist, ist es nicht mit Gott gleichzusetzen, sondern stimmt mehr mit der Bedeutung der "Perennial Philosophy" überein, als Dein "Ich", das darüber nachdenkt.
Mit „Perennial Philosophie" ist das Zusammenspiel einer Idee oder eines vollständigen Begriffs, innerhalb einer individuellen Substanz, gemeint.

Du bist Dir nicht immer der Anwesenheit dieses Bewußtseins bewußt. Aber gerade dieses Bewußtsein im Hintergrund ist immer bereit, die Gegenwart Gottes zu entdecken, ebenso wie dieses Bewußtsein immer für das Ich-Bewußtsein da ist, wenn es sich darauf einstellt.

Kommen wir noch einmal zu Deiner Übung zurück.
Erinnerst Du Dich an Dein visualisiertes Bild und die Konzentration, die Du dafür verwendet hast und vergleiche dann das Gefühl, das Du dabei hattest, als Dir bewußt wurde, daß da noch jemand im Hintergrund agierte. Du wirst feststellen, daß es sehr schwer ist, beide zu unterscheiden, aber das Gefühl ist dasselbe. Dieses Bewußtsein ist das Bindeglied zwischen dem inneren "Du" und der „äußeren Welt."

Dieses Bewußtsein kennt keinen Unterschied zwischen der inneren Welt der Wahrnehmung und der äußeren Welt der Dinge. Bewußtsein ist überall.
Du und die Welt sind eins.
Setz dem Ganzen jetzt noch die "Krone" auf, das Rezept für hellseherische Fähigkeit: die Liebe!
Sie bringt die Wahrheit in das Leben. Erlaube Dir, für alles, was Du erlebst, Liebe zu empfinden. Statt nur einfach die Dinge anzuschauen und Dein Bewußtsein zu beobachten, wenn Du Dich fragst, ob Du und die äußere Welt wirklich eins sind, lasse hier lieber ein Gefühl von Liebe zu. Dies ist eine Brücke, die Dich und die Welt in aktiver Weise verbindet.
Sie verbindet Dich und die Welt des Geistes, da Liebe Geist ist.

Das Unterbewußtsein

Du hast im vorangegangenen Kapitel erfahren, daß es ein Bewußtsein, das Wissen, oder daß Du bist, gibt, und ein Hintergrund-Bewußtsein, welches Deine Handlungen beobachtet und verwaltet. Das Verbindungsglied zwischen der inneren und äußeren Welt.

Sehen wir uns Deine Übung des visualisierten Bildes noch einmal an. Als Du Dich auf das Bild konzentriertest, bemerktest Du, daß Deine Konzentration schon nach kurzer Zeit nachließ und Du abgelenkt wurdest, Deine Gedanken wanderten und Du bewegtest Dich vielleicht sogar dabei, ohne daß Du es wolltest.

Alles das geschah unbewußt. Im allgemeinen wirst Du Dir das Unterbewußtsein als eine Lagerhalle voller Erinnerungen und Gefühle vorstellen, doch es ist mehr eine Schachtel oder ein Container. In dieser Schachtel oder diesem Container sind alle Deine gewohnheitsmäßigen Aspekte des Lebens enthalten. Eine große und wichtige Aufgabe.

Müßte das Bewußtsein über alles bestimmen, könntest Du Dich nur sehr langsam bewegen. Du müßtest über jeden Schritt nachdenken, den Du unternimmst, über jede Handreichung, jedes Wort, jeden Atemzug und jeden Herzschlag - und das alles gleichzeitig.

Das würde Dich verrückt machen.

Zum Glück delegierst Du diese Verantwortung an Dein Unterbewußtsein, das als Dein Diener fungiert. Dein Bewußtsein wacht zum Beispiel am Morgen auf und sagt: "Ich muß jetzt aufstehen und mich fertigmachen, um zur Arbeit zu gehen." Während Du damit beschäftigt bist, über den bevorstehenden Tag nachzudenken, arbeitet das Unterbewußtsein und folgt Deinen Anweisungen. Es hebt Deine Beine aus dem Bett, sogar mit welchem Fuß Du zuerst den Boden berührst, läßt Dich aufstehen, führt Dich ins Badezimmer, dreht den Wasserhahn auf, putzt Dir die Zähne und zieht Dich an.

Du achtest nicht sehr auf diese Handlungen. Der Prozeß des Aufstehens und des Anziehens ist leicht dissoziiert von Deinem Bewußtsein.

All diese Details, und sind sie noch so klein, treten als Automatismen auf - Reflexhandlungen, die vom Unterbewußtsein angeleitet werden.

Alle Deine Aktivitäten, die Du in Folge Deines Lebens vollführst, werden vom Unterbewußtsein bedient. Sie sind nicht von Anfang an da, sondern werden in den Container gefüllt und dort verwaltet. In der Regel kannst Du Dich darauf verlassen, daß Dein Unterbewußtsein Deinen Anweisungen und Absichten Folge leisten wird.

Doch manchmal überrascht es Dich mit seiner Treue.

Nimm einmal an, Dein Partner bittet Dich, auf Deinem Nachhauseweg von der Arbeit etwas abzugeben. Äußerlich erklärst Du Dich damit einverstanden, doch innerlich irritiert Dich diese Bitte aus den verschiedensten Gründen. Wenn Du spät nach Hause fährst, hängt Dein Bewußtsein Deinen Tagträumen nach und überläßt es dem Unterbewußtsein, die "Dinge" zu regeln. Wenn Dein Wagen an der Straße für die Besorgung vorbeifährt sagt sich das Unterbewußtsein: "Soll der Kapitän doch weiter träumen. Ich weiß, daß er die Besorgung sowieso nicht wirklich machen will." Wenn Du zu Hause ankommst, fragt Dich Dein Partner danach. Dir fällt es plötzlich wieder ein und Du beichtest voller Unschuld:

"Ich habe es vergessen!"

Dieses Beispiel zeigt, wie das Unterbewußtsein sich ausdrücken kann, wenn das Bewußtsein von der Handlung dissoziiert ist. Das Vergessen war ein Automatismus, der vom Unterbewußtsein kontrolliert wurde. Es geschah nicht bewußt absichtlich, es war unterbewußt. Das Unterbewußtsein überwacht auch die Mechanik des Sprechens und den Prozeß des Bildens von Worten. Wie das Autofahren, ist auch die Handlung des Sprechens oft dissoziiert von Deinem Bewußtsein.

Du hast sicher schon einmal vom "Freudschen Versprecher" gehört. Auch hier finden, wie beim Autofahren, Automatismen statt, d.h. Worte kommen über Deine Lippen, die Du nicht sagen wolltest, die aber in Deinem Inneren zu der jeweiligen Situation schon da waren.

Zum Beispiel könntest Du sagen: "Es graut mich... ich meine, es freut mich, Dich kennenzulernen." Wenn Dir das passiert, dann geschieht das spontan und sehr schnell und ist dissoziiert von Deinem Bewußtsein.

Unbewußt kann dies ein Gefühl von Eifersucht, Abscheu oder ähnlichem sein. Das Unterbewußtsein begeht den ähnlich klingenden Versprecher "graut" und drückt dadurch seine wahren Gefühle aus.

Es geschah nicht absichtlich, es wurde automatisch, reflexartig ausgelöst.

Automatismen können mehr als Deine unterbewußten Gedanken und Gefühle zeigen. Sie sind in der Lage, sogar unterschwellig empfangene telepatische Botschaften von Lebenden und Toten auszudrücken.

Du hast gelernt, was Bewußtsein, Hintergrund-Bewußtsein und Unterbewußtsein ist.

Dies sind Formen der Wahrnehmung in uns Menschen. Wahrnehmung ist Erkenntnis und kann niemals voneinander abgelöst sein. Alles, was Du denkst, wird sein. Feinstoffliches wird zu Feststofflichen, nimmt Formen an und wird zu Materie. Auch wenn Dich Deine Sinne dahingehend hypnotisieren, daß Du nur an die Realität der materiellen Welt glaubst, ist die Energie die essentielle Wirklichkeit.

Die Essenz Deines Wesens ist energetisch.

Du bist immaterieller Geist und Kanal göttlicher Energie!
Du kannst das Bewußtsein Deines Geistes durch Intuition, nicht aber durch die Sinne entwickeln. Durch Meditation lernst Du, Dich von

Ahnungen führen zu lassen und Du wirst in Bereiche vordringen, die Du vielleicht bis heute noch nicht kennst.

Meditation - Heilmeditation

Meditation ist der Weg zur inneren Konzentration. Sie ist auch der Weg in andere Bewußtseinsebenen, der Weg des Einschwingens auf den Kosmos, der Annäherung an die Einheit.
Du kannst lernen, mit der Meditation Dein tägliches Leben neu zu gestalten und Erfahrungen gewinnen, die Dir Glücksgefühle und Zustände der Harmonie bringen.
Durch Meditation gelangst Du zur Selbstbesinnung und erlangst wahres Wissen. Alles, was in der Menschheit an großen Gedanken entstand, wurde in der Stille der Meditation geboren. Auch viele große Erfindungen entstanden so.
Zum Beispiel stellte sich Kekyle das Molekül des Benzols als Schlange vor, die sich kreisförmig krümmt. Es ist das heutige Vorstellungsbild der zyklischen Kohlenwasserstoffverbindungen.
Stundenlange Meditationen verhalfen Niels Bohr das Atommodell zu entwickeln. Wenn Du Meditation über längere Zeit durchführst, kommt es Schritt für Schritt zu einer höheren Entwicklung Deiner Phantasie, der Intuition und Deiner Kreativität. Mit diesen erworbenen neuen Kräften kannst Du das Leben besser bewältigen.
Die tägliche Arbeit macht mehr Freude, der Wunsch, etwas besonderes zu leisten, entsteht, und der Umgang mit Deinen Mitmenschen fällt Dir leichter und wird komplikationslos.
In der Meditation kannst Du mit Deinem wahren Sein verschmelzen und eins werden mit den unendlichen Kräften des Kosmos. Mehrere Methoden kannst Du bei den Meditationen anwenden.
Bei der stillen Meditation konzentrierst Du Dich auf Deine inneren Werte. Du erlebst, wie Dein Körper harmonisch mit dem Kosmos verbunden ist und wie in schweigender Stille unendliche Kräfte aufkommen.
Bei einer anderen Meditation wirst Du in tiefere Bewußtseinsebenen vordringen und Erfahrungen damit machen, was nach Deinem Tod passiert, was Seele und was der Sinn Deines Daseins ist.

Eine weitere Art der Meditation ist die religiöse, bei der religiöse Kräfte klar und deutlich erkannt werden. Hier versenkst Du Dich in das Wesen Gottes, um daraus Gesundheit und neue Energie zu schöpfen.

Der günstigste Zeitpunkt

Damit Du ungestört meditieren kannst, ist es notwendig, daß Du Dir einen Ort oder Raum aussuchst, der Dir vertraut ist. Der Raum kann etwas abgedunkelt sein, wenn Du Dich dabei besser entspannen kannst. Er muß es aber nicht.
Wähle einen Zeitpunkt aus, an dem Du das Gefühl hast, daß Du frei vom Alltagsstreß bist. Am günstigsten ist dafür die Stunde vor dem Sonnenaufgang oder kurz vor dem Schlafengehen. Sorge dafür, daß so wenig wie möglich fremde Geräusche Dein Vorhaben stören können.
Nimm eine für Dich bequeme Lage, auf einem Stuhl oder in einem Sessel, ein. Wichtig ist, daß dabei Deine Beine den Boden berühren. Deine Arme kannst Du locker auf die Stuhl- oder Sessellehne legen und schließe dann Deine Augen.
Versuche Dich durch gleichmäßiges Atmen zu entspannen.
Höre auf Deinen Atem und stelle Dir vor, daß Dein Atem Deinen Bauch ausfüllt, siehe vor Deinem inneren Auge, wie sich Deine Bauchdecke auf und ab bewegt. Sollte Dir das nicht gelingen, kannst Du Dich wie folgt entspannen:
Sitz wiederum bequem in Deinem Sessel oder Stuhl.
Strecke dann Deine beiden Arme aus und balle Deine Hände zu Fäusten. Spanne jetzt alle Muskeln an, die Arme, die Beinmuskulatur, die Bauchmuskeln, das Gesäß und Deinen Rücken. Wenn Du alles angespannt hast, zähle bis drei und lasse dann alle Anspannung los, lasse Deine Arme fallen, Dich in Deinen Sessel/Stuhl versinken.
Das wiederholst Du dreimal.
Du wirst bald merken, wie sich Dein ganzer Körper dabei entspannt.
Achte darauf, daß sich danach Deine Hände nicht berühren, Deine Beine leicht gespreizt sind und daß Du Deine Zähne nicht aufeinanderbeißt. Eine dieser Übungen wirst Du immer vor jeder Meditation

durchführen. Vielleicht stellst Du Dir die Frage, kann ich das überhaupt? Meditation kann jeder, also auch Du, lernen. Du mußt lediglich innerlich dafür aufgeschlossen sein und an Deine eigene Kraft glauben.

Was kann Meditation

Wenn ich behaupte, Meditation kann "Berge versetzen", dann kannst Du das wörtlich nehmen. Wie Du ja schon weißt, ist der Stoff dieser Welt der Stoff der Gedanken.

Das, was in einer Meditation passiert, ist nichts anderes, als daß Gedanken getragen oder aufgefangen werden, die Du selbst in Dir trägst oder die um Dich unmittelbar sind. Das wird Dich befähigen in Deine und Anderer Vergangenheit und Zukunft zu sehen. Du wirst Deine Seele kennenlernen, wie sie sich fühlt und wo sie sich befindet.

Du wirst Entspannung und neue Kraft schöpfen. Neue Erkenntnisse über Deine Mitmenschen, über Dich und über die Liebe, die alles beherrscht, gewinnen. In den nachfolgenden Abschnitten werden wir folgende Meditationen durchführen:

1. **Die Meditation des Lichtes**
2. **Zwiegespräch mit einem Menschen**
3. **Meditation zum Tag**
4. **Der Weg zum See Deines Lebens**
5. **Das Bad im See**
6. **Der Aufstieg zum Turm**
7. **Deine Vergangenheit und Deine Zukunft**
8. **Aura sehen**
9. **Seele sehen**
10. **Organe sehen**
11. **Der Tunnel zur 3. Ebene**
12. **Der Weg in Deine Hölle**
13. **Der Weg zur 3. Ebene**
14. **Die 3. Ebene**
15. **Die Farb- und Klangebene (4. Ebene)**

16. Der Feuersturm (5. Ebene)
17. Die kosmische Ebene (6. Ebene)
18. Die Reise zum Mond (Friedensmeditation)
19. Heilmeditation

Alle diese Meditationen werden wir gemeinsam, Schritt für Schritt und in sinnvollen Zeitabständen, durchführen.

Es ist ungeheuer wichtig, daß zwischen den einzelnen Meditationen genügend Zeit verbleibt, damit sie sich in Deinem Inneren manifestieren können.

Bäume müssen reifen, damit sie Früchte tragen können. Gedanken ebenso.

Bevor ich auf die einzelnen Meditationen eingehe, möchte ich Dir eine kleine Geschichte erzählen, die sich in Wahrheit genauso zugetragen hat.

Die Geschichte soll Dir deutlich machen, daß nichts in Deinem Leben Zufall ist, sondern alles was Du erlebst, wie Du es erlebst und was Du daraus erkennst, ist Deine Aufgabe hier auf dieser Welt.

Die Aufgabe, die Du Dir selbst gestellt hast und die Du lösen mußt.

Eine junge Frau, ich nenne sie Erika, lernte vor ca. 40 Jahren einen Architekten kennen. Die beiden verliebten sich und heirateten. Es war die Zeit des wirtschaftlichen Aufbruchs in Deutschland. Der Drang nach materiellen Werten war sehr stark. Diese Werte zu schaffen war auch kein Problem, denn Arbeit gab es genug. So beschloß auch das junge Paar, nicht abseits zu stehen. Sie arbeiteten Tag und Nacht, ihr Konto wuchs und bald konnten sie sich ein Haus leisten. Das war ihnen aber noch nicht genug. Im Gegenteil, sie stürzten sich immer mehr in ihre Arbeit. Sie begannen damit, eine Firma zu gründen, bauten für andere Menschen Häuser und Wohnungen und wurden dabei immer wohlhabender.

Du wirst Dir sagen:

„Das ist doch wunderbar, ich freue mich für die beiden."

Vielleicht denkst Du auch, das ist erstrebenswert und wünscht Dir ähnliches. Doch es kam der Tag, an dem Erika erkrankte.

Zuerst waren es leichte Kopfschmerzen, die nur ab und zu auftraten. Anfangs hat sie diese noch mit dem Alltagsstreß abgetan und den Schmerzen keine besondere Bedeutung beigemessen.

Später, als die Schmerzen immer stärker wurden und häufiger auftraten, versuchte Erika sich mit Medikamenten und noch mehr Arbeit abzulenken. Doch es wurde nicht besser.

Erika bekam auch Schwierigkeiten mit dem Gehen. Auf Drängen ihres Mannes suchte sie schließlich einen Arzt auf und ließ sich gründlich untersuchen.

Das Untersuchungsergebnis brachte es an den Tag. Erika hatte einen Gehirntumor.

Das Krebsgeschwür war schon so weit fortgeschritten, daß es keine Aussicht mehr auf Hilfe seitens der Schulmedizin gab. Eine Operation wäre viel zu riskant gewesen. Um Erika nicht noch mehr zu gefährden, ließ man davon ab.

Die Krankheit schritt schnell voran. Nicht nur, daß Erika ihre Kopfschmerzen behielt, nein, sie erblindete auch noch.

Eine völlig neue Situation für die junge Frau. Plötzlich war ihr ganzer Lebensinhalt weg, und sie hatte kaum noch Lebensmut.

Ständig anstehende Untersuchungen, die keine Fortschritte brachten, nahmen ihr noch die letzten Kraftreserven. Sie wollte auch nicht mehr diese Tortouren über sich ergehen lassen. Erika ließ sich fallen. Aber es kam noch schlimmer.

Erika konnte jetzt gar nicht mehr laufen. Innerhalb von zwei Jahren wurde sie blind, gelähmt und hatte ein Geschwür im Kopf, das ständig wuchs. Die Ärzte gaben Erika auf. Ihre Lebenserwartung war auf ein Minimum gesunken.

Anfangs kämpfte Erika noch gegen die Krankheit an, denn sie wollte ja ihre liebgewordene Arbeit, den Erfolg und den damit verbundenen Wohlstand genießen. Später, als es keine Hoffnung mehr gab und Erika glaubte, "ganz unten" zu sein, nahm sie die Krankheit an. Sie hatte jetzt Zeit, über das Leben und dessen Sinn nachzudenken. Erika hatte sehr viel Zeit. Sie kam zu der Erkenntnis, daß der Sinn des Lebens nicht das Streben nach materiellen Werten ist, sie erkannte, daß sie stehengeblieben war, die Krankheit ihr unmißverständlich zeigte, daß sie ihre Einstellung ändern mußte, nicht an alten Dingen krampfhaft festzuhalten, sondern sich für das Neue zu öffnen, das Streben nach Liebe und Harmonie. Sie spürte die Liebe ihres Mannes, der in jeder Phase der Krankheit und ihrer Entwicklung zu ihr hielt und entdeckte dabei ihre eigene Liebe.

Diese Liebe befähigte Erika, die Krankheit anzunehmen und loszulassen. Und dann geschah das Wunder. Erika wurde wieder völlig gesund. Die Ärzte konnten sie nicht heilen, geheilt hat sie sich selbst, durch die Kraft der Liebe und der Erkenntnis, Altes loszulassen.

Aus dieser Krankheit hat Erika gelernt. Sie verstand, daß es nicht wichtig ist zu besitzen und daß der Weg, den sie beschritt, für sie nicht der Richtige war. Das Loslassen von alten Gewohnheiten und Denkmustern leitete die Genesung ein. Es war kein Zufall oder Schicksal, das Erika erst die Krankheit und dann die Heilung brachte. Es war vorbestimmt. Durch das Auftreten der Krankheit, die Sprache des Körpers, erkannte Erika den Weg, den sie zu gehen hatte. Sie änderte ihr Leben, begann noch einmal zu studieren und ist heute Diplompsychologin, Heilpraktikerin und gibt Seminare für geistiges Heilen. Hunderten Menschen hat Erika bis heute schon helfen können, ihren eigenen Weg zu finden.

Die Zeichen Deines Körpers

So, wie im vorangegangenen Beispiel, ergeht es vielen Menschen. Und vielleicht hast auch Du Dir beim Lesen der kleinen Geschichte Deine Gedanken gemacht und Parallelen festgestellt. Wir können nicht, oder haben vergessen, auf unseren Körper zu hören und die Zeichen, die er uns gibt, deuten wir falsch und oberflächlich oder nehmen sie gar nicht wahr.

Dein Körper und seine Sprache ist wie ein offenes Buch, Du brauchst nur darin zu lesen. Und nicht nur Dein Körper spricht zu Dir, nein, auch Deine Umgebung zeigt Dir, ob der Weg, den Du gerade gehst, der Richtige ist und wenn Du ihn trotzdem beschreitest, was Du daraus zu lernen hast. Es mag Dir unverständlich erscheinen, wie zum Beispiel eine Autopanne, ein Unfall oder eine Begegnung etwas mit Deiner Entwicklung, Deiner Erkenntnis zu tun haben soll, oder körperliche Schmerzen oder Wunden.

Wie Du weißt, ist alles fließende, schwingende Energie, die nur unterschiedliche Formen annimmt und Du bist Teil dieser Energie, die eins ist.

Solange Du mit dieser Energie im Einklang bist, bist Du weder krank, noch plagen Dich irgendwelche anderen Sorgen. Abweichungen lassen Dich krank werden. Dann meldet sich Dein Körper und will Dich auf den "rechten" Weg, also wieder in den Einklang, bringen. Ich spreche von der "Organsprache". Dein Körper und Deine Organe zeigen Dir immer Deinen seelischen Zustand an, denn alle Krankheiten haben Ursachen. Diese liegen meist in Deiner Seele. Sie sind Folgeerscheinungen seelischer Konflikte, im Zusammenhang mit der Grundeinstellung eines Menschen zur Innen- und Außenwelt. Wir unterscheiden hier zwischen zwei Typen. Der introvertierte Mensch geht mehr nach innen, ist in sich gekehrt, verschlossen und nachdenklich. Im Gegensatz hierzu ist der extrovertierte Mensch mehr der Außenwelt und den Menschen zugewandt.

Persönlichkeitsmerkmale für introvertierte Menschen sind:

-ruhig
-beherrscht
-trocken
-zurückhaltend
-gleichmäßig
-passiv
-selbstgenügsam

Für Extrovertierte gelten folgende Merkmale:

-lebhaft
-unbeherrscht
-gesellig
-kontaktfreudig
-impulsiv
-energisch
-selbstbewußt

Jedoch lassen sich nur ganz wenige Menschen klar dem einen oder anderen Extrem zuordnen. Entscheidend ist, zu wissen, welchem Merkmal ein Mensch zustrebt.

So werden dann seelische Spannungen über das vegetative Nervensystem ins Organische projiziert. Diese Projektion erfolgt über die endokrinen Drüsen. Auf welche Organe fällt nun die Wahl? Welche Organe oder Organsysteme werden vom Einzelnen unbewußt ausgewählt, um sich zu „beklagen", um zu signalisieren, daß der Mensch psychologische Probleme hat, die er bis jetzt nicht lösen konnte. Durch die Störung an den Organen kann er sich nun endlich beklagen und mit seinem Zustand Aufmerksamkeit erzielen.

Ein einfaches Schema soll Dir helfen, diese "Organsprache" besser zu verstehen. Sie eignet sich nicht zur Diagnose, aber erleichtert Dir Situationen in Deinem täglichen Leben leichter zu verstehen.

Stell Dir einen Menschen vor, der vertikal in zwei Hälften geteilt ist. Die linke Hälfte des Körpers betrifft alles das, was mit der Liebe zu tun hat, und die rechte ist Ausdruck für die Umwelt. Und dann ist da noch das Zentrum. Hier treffen sich beide Hälften. Vielleicht hast Du schon einmal die Sätze gehört:

"Das Herz ist ihm in die Hose gerutscht". Oder
"Eine Laus ist ihm über die Leber gelaufen".
„Das hat er nicht mehr schlucken können".
„Die Angst sitzt ihm im Nacken".

Sehr bekannt müßte Dir der Ausspruch: „Vor Ärger läuft ihm die Galle über", vorkommen.

Sätze, die, wenn Du sie genau untersuchst, bildlich das ausdrükken, was Seelenzustände auch sein können. Eine Übersicht über die häufigsten im Alltag vorkommenden Symptome für diese Seelenzustände sollen Dir das deutlich machen.

Symptom Fragestellung

Schnupfen: Wovon habe ich die Nase voll?
Husten: Wem huste ich was?
Atemnot: Was nimmt mir die Luft?
Durchfall: Bei was bin ich durchgefallen?
Ohrenschmerzen: Was will ich nicht hören?
Augenschmerzen: Was will ich nicht sehen?
Magenschmerzen: Was schlägt mir auf den Magen?
Erbrechen: Was kotzt mich an?

Halsschmerzen: Was will ich nicht aussprechen?
Gallenschmerzen: Was stößt mir auf?
Rückenschmerzen: Welche Last will ich oder hab ich zu tragen?
Schmerzen in den Gelenken: Welchen Weg will ich nicht gehen?
Angstzustände: Was beengt mich?
Schlafstörungen: Was habe ich noch zu erledigen?
Krämpfe: Wobei verkrampfe ich, warum klammere ich?
Kreislaufstörungen: Warum drehe ich mich im Kreis?

Wenn Du lernst, Dir diese Fragen selbst zu beantworten und Deiner inneren Stimme Glauben schenkst, dann wirst Du sehr schnell erkennen, was Du zu verändern hast, um wieder mit Deiner inneren, und somit mit der äußeren Welt, in Einklang zu gelangen. Ähnlich verhält sich Deine Umwelt, die Dir den "Spiegel" vorhält, der Dir Deine Gedanken zeigt, denn alles, was Du denkst, wird sein. Wenn Du zum Beispiel mit Deinem Auto jemandem auffährst, heißt das, **Du sollst Dich bremsen**. Die Umwelt zeigt Dir unmißverständlich, wo Deine Blockaden liegen.
Ein anderes Beispiel ist, wenn Dir ein Verkehrsteilnehmer auffährt.
Hier sagt Dir die Umwelt, daß Du **stehengeblieben** bist. Es muß kein Unfall, Krankheit oder der Schmerz sein, der Dich auf den "richtigen" Weg bringen will. Im Alltag gibt es viele Situationen, die Dir Hinweise geben, nur hast Du nicht gelernt, darauf zu achten.
Immer erst, wenn es ganz "schlimm" kommt, beginnst Du nachzudenken. Du hast auch nicht die Zeit, jedes und alles zu hinterfragen, denn es wäre viel zu aufwendig und Du kämst vor lauter Nachdenken gar nicht mehr dazu, Dein Leben zu leben. Du könntest nicht die Erfahrungen machen, die Du brauchst, um letztendlich zur Erkenntnis zu kommen, daß alles, was um Dich passiert, nur das Produkt Deiner Gedankenwelt ist. Versuche, auch wenn es noch so schmerzhaft oder schlimm ist, bei allem "Liebe" zu empfinden.
Wenn Dein erster Gedanke nach dem Erwachen Liebe ist, und Dein letzter Gedanke die Liebe beinhaltet, wird Dir die Umwelt an-

ders erscheinen. Du kannst es beobachten. Menschen werden Dir viel freundlicher begegnen. Du siehst die Welt mit anderen Augen, und die Welt sieht Dich mit anderen Augen an.

Probiere es aus. Beginne Deinen Tag damit, daß Du Dich darüber freust, erwacht zu sein, und daß Du diesen Tag erleben darfst. Laß genügend Platz für die Liebe in Deinen Gedanken und Du wirst feststellen, daß Dir viele schöne Dinge wiederfahren werden. Vergiß aber bei allem, was Dir wiederfährt, nicht, Dich zu bedanken.

Es ist viel leichter, um etwas zu bitten, und meist bittest Du um Dinge aus der materiellen Welt, die, wie Du glaubst, Deine momentane und vielleicht in Deinen Augen nicht so glückliche Situation verbessern sollen, als Dich dafür zu bedanken, daß gerade diese Situation oder Erfahrung dazu dient, Dich weiterzubringen.

Oft höre ich Menschen klagen: „Warum trifft es gerade mich?" Oder sie machen Gott dafür verantwortlich, daß ihnen dieses Schicksal widerfahren ist. Sie laben sich in Selbstmitleid und begreifen nicht, daß gerade hier ihre Chance liegt, sich weiter zu entwickeln. Im Gebet bitten wir. Warum? Wir bitten um etwas, was uns vielleicht nicht zusteht. Haben wir uns den Weg denn nicht selbst ausgesucht? Ihn mit Steinen gepflastert? Müssen wir dann die Steine nicht selbst beiseite räumen? Wenn wir das nicht tun, brauchen wir uns nicht zu wundern, wenn unser Gebet kein Gehör findet. Nicht bitten, sondern bedanke Dich und werde Dir bewußt, daß alles, Dich inbegriffen, nichts anderes ist als dasselbe Ding - Energie, die sich bewegt und nur verschiedene Formen annimmt. Eine dieser Formen bist Du, der Mensch.

Die Meditation des Lichtes

Bevor Du mit der ersten Meditation beginnst, möchte ich Dir noch einiges mit auf den Weg geben. Dir kann es passieren, daß Du bei verschiedenen Meditationen Visionen, Kälte, Wärme, Prickeln oder starke Körperempfindungen, wie Schwingungen und Gefühle, erfährst. Du mußt wissen, daß in der Meditation viel mehr abläuft, als Du vermutest.

Meditation ist keine Zeit, in der Du nichts tust oder in der nichts geschieht, sondern während dieser Zeit nehmen andere Dimensionen und Wirklichkeitsstufen Einfluß auf Dich. Während einer Meditation wirst Du zu einem Kanal, der empfänglich ist für die Energien vieler unsichtbarer Einflüsse. Du dringst in andere Bewußtseinsstufen vor, die Dir im Tagesbewußtsein verborgen bleiben.

Ich unterscheide hier in vier Bewußtseinsstufen, Ebenen oder Zuständen, die sogar meßbar gemacht werden können.

Die griechischen Zahlen zwei, eins, drei und vier spielen hier eine entscheidende Rolle.

Beta - steht für die Zahl zwei, die Dein Dasein in der materiellen Welt, in der Welt der Dinge, so wie Du sie siehst, beschreibt. Es ist Absicht und kommt nicht von ungefähr, daß die Zahl zwei an erster Stelle steht, denn Du bist dual oder polar.

Beta ist der Zustand, in dem Du Dich die meiste Zeit Deines hiesigen Lebens befindest. Er ist Dein Tagesbewußtsein und erreicht eine Frequenz von ca. 30-40 Hz, in Deinem Gehirn nachweisbar.

Moderne Lernmethoden, besonders bei Sprachen (Superlearning) oder autogenem Training, bedienen sich dem **Alpha**-Zustand. Je nach Tiefe, können hier ca. 14 Hz gemessen werden.

Im **Tetha**, das auch zur Tiefenentspannung in der Medizin angewandt wird, finden wir nur noch eine Frequenz von ca. 7 Hz vor. Die **Delta**-Ebene ist die durch Meditation tiefste Dimension, die Du erreichen kannst. Hier sind Gehirnströme kaum noch, höchstens aber bis zu ca. 2 Hz, meßbar.

Damit Du Dich für die Meditationen öffnen kannst, ohne Gefahr zu laufen, daß Einflüsse von außen auf Dich einwirken, die nicht gewollt sind, wirst Du Dich schützen.

Du wirst eine Mauer, einen Kreis oder eine Glocke aus Licht um Dich aufbauen. Du kannst diese "Festung" aus Licht täglich neu errichten, denn sie schützt Dich nicht nur in der Meditation. Dazu mußt Du wissen, daß die stärkste Kraft, die Kraft aus der Du entstanden bist, das Licht ist.

Zu einem späteren Zeitpunkt werde ich noch sehr ausführlich darauf eingehen. Nun wollen wir beginnen:
Lese bitte meine Anweisungen vorher genau durch, wenn es sein muß zwei- bis dreimal, bis Dir der Ablauf geläufig ist.
Setze Dich bequem auf einen Stuhl oder Sessel und schließe Deine Augen. Du hast den Raum, in dem Du Dich befindest, schon etwas abgedunkelt und dafür gesorgt, daß Dich niemand stören kann. Versuche gleichmäßig und ruhig zu atmen.
Deine Arme liegen seitlich auf der Stuhl- oder Sessellehne und Deine Füße berühren den Boden, Du bist ganz entspannt.
Sage Dir: "Ich spüre meinen Atem, der ruhig und gleichmäßig in mir ist.
Bei jedem Atemzug schöpfe ich Kraft und beim Ausatmen fließen alle Sorgen und Ängste, die in mir sind, davon.
Ich werde immer gelassener und bin jetzt bereit, ein Bild zu empfangen."

Vor meinem inneren Auge sehe ich eine brennende Kerze.

Ich sehe den Schein des Lichts der Kerze und verweile mit meinem Blick auf ihm.

Die Kerze steht ca. 1 m vor mir auf einem Tisch und strahlt eine wohltuende Ruhe auf mich aus.

Ich bleibe mit meinem Blick auf der Kerze und fühle mich angezogen von ihrem hellen, weißen Licht.

Ich möchte in dieses Licht eintauchen, es in mich aufnehmen.

Je länger ich in das Licht sehe, um so näher kommt es auf mich

zu. Ich brauche keine Angst zu haben, daß ich mich verbrenne, denn ich weiß, das ist das Licht des Lebens.
Ich tauche jetzt mit meinem Gesicht in dieses Licht ein und spüre seine angenehme Wärme auf meinen Wangen.
Ich sehe, wie das Licht nicht nur mein Gesicht umhüllt, sondern jetzt auch meinen ganzen Körper.
Ich sehe mich vor einem Spiegel stehen und er zeigt mir, daß ich vom Scheitel bis zur Sohle mit hellem, weißem Licht umhüllt bin, wie unter einer Glocke, die mich schützt.
Jetzt strahle ich selbst dieses Licht aus und spüre eine kleine Glückseligkeit. Verbunden mit einem angenehmen Prickeln in allen Gliedmaßen verweile ich in diesem Zustand.
Nach ca. 2-3 Minuten des Verweilens konzentriere ich mich darauf, die Meditation wieder zu beenden.

Alle Bilder verschwinden, ich öffne meine Augen und bin wieder mit beiden Beinen auf dem Boden.
Folgende Gedanken solltest Du im Anschluß an jede Meditation anschließen:

Ich bin vollkommen ruhig.
Ich bin eins mit den göttlichen Kräften des Universums.
Ich fühle mich geborgen in der wundervollen Gegenwart Gottes.
Nichts und Niemand kann meine Ruhe stören.
Das Universum ist in mir. Mein Herz schlägt ruhig und gleichmäßig.
Ich empfinde Glück und Unbeschwertheit.
Das Licht schützt mich und ich fühle mich eins mit der göttlichen Kraft, die durch meinen Körper strömt.

Nur wenn Du die Meditation auf die richtige Weise durchführst, kommst Du zu einer spürbaren geistigen Wahrheit, zu einer erhöhten Sinneswahrnehmung. Deine körperlichen und geistigen Aktivitäten werden zunehmen. Wichtig ist, daß Du Deine Meditation mit positiven Gedanken abschließt.

Diese Meditation kannst Du zweimal täglich durchführen. Du wirst mit der Zeit feststellen, daß es Dir immer leichter fallen wird, in den Entspannungszustand zu kommen. Wenn Du anfangs vielleicht noch Schwierigkeiten hattest, Dir die Kerze zu visualisieren, geht das von Mal zu Mal besser.

Solltest Du allein nicht in der Lage sein, das Gelesene zu übernehmen, kannst Du auch Deine eigenen Worte dafür verwenden oder mit einem guten Freund oder einer Freundin die Meditation gemeinsam durchführen.

Fallbeispiele über die Wirkung dieser Meditation:

Folgendes Beispiel soll Dir die Wirkung und schützende Kraft, die vom Licht ausgeht, verdeutlichen:

Eine Frau mittleren Alters mußte immer nach Ende ihrer Arbeitszeit mit dem Bus nach Hause fahren. An der abseits vom Stadtzentrum gelegenen Haltestelle wartete sie sehr oft bis zu 15 Minuten lang.

An einem kalten Winterabend saß sie wieder einmal in Gedanken versunken auf der Bank in dem kleinen Wartehäuschen, als eine tiefe und aggressive Stimme sie aufhorchen ließ. Auf der gegenüberliegenden Straßenseite bemerkte sie die männliche Person, der diese Stimme gehörte. Obwohl sie nicht allein war, überkam sie ein ungutes Gefühl. Der Mann war jetzt unmittelbar in ihrer Nähe und fixierte sie von oben bis unten mit anzüglichen Blicken. Ihr Unwohlsein verstärkte sich noch, als er sich mit zugewandtem Gesicht neben sie setzte. Zum Glück kam der Bus und die unangenehme Situation schien vorbei zu sein. Doch kaum hatte sie Platz genommen, begann das Spiel von neuem. Zwei Reihen in Fahrtrichtung vor ihr sitzend, betrachtete er sie erneut mit provokativem Blick. Sie schaute zwar aus dem Fenster, doch sie konnte seine Gedanken deutlich spüren, die nichts Gutes versprachen, und aus dem unguten Gefühl wurde Angst. Tausend Dinge gingen ihr durch den Kopf. Was würde passieren, wenn sie aussteigt? Würde er ihr folgen? Sie gar vergewaltigen? Ihr Schmerzen zufügen? Sollte sie jemanden um Hilfe bitten? Sie sah sich im Bus um und mußte entsetzt feststellen, daß keiner der Insassen auch nur die geringste Notiz von diesem Vorfall wahrzunehmen schien. Die einen schliefen, andere lasen Zeitung oder waren mit sich selbst beschäftigt. Und immer noch schaute dieser Mann, groß und kräftig, sie mit gierigen Augen an. Als ihre Angst am größten war, erinnerte sie sich an die Meditation des Lichts. Wochen zuvor hatten wir sie gemeinsam zum ersten Mal durchgeführt. Sie wußte aus meinen Erzählungen um die Kraft und bis jetzt war dies immer nur eine Glaubenssache für sie gewesen. Jetzt, so hoffte sie, würde sich zeigen, ob dem so sei. Sie nahm all ihre Konzentration zusammen und begann in Gedanken eine Lichthülle um sich aufzubauen und am Schluß schon fast laut „Nein" zu sagen. Kaum hatte sie das „Nein" ausgesprochen, wich ihre Angst. Sie stand auf, denn sie war an ihrer Haltestelle angekommen, wollte dem Mann mit festem Blick gegenübertreten und mußte feststellen, daß dieser inzwischen eingeschlafen war. Er schlief tief und friedlich, wie ein kleines Kind. Somit konnte unsere Frau ungehindert ihren Weg nach Hause gehen. Seit diesem Erlebnis vergeht kein Tag, an dem diese Frau das schützende Licht gebraucht.

Zwiegespräch mit einem Menschen

Du bist sicher schon vor der Situation gestanden, daß Du Dich mit einem Menschen gestritten hast oder umgekehrt, vielleicht war er oder sie unfreundlich zu Dir. Dann hast Du Dich darüber geärgert, daß keine Zeit mehr war, das Problem auszudiskutieren oder die Fronten waren so verhärtet, daß ein sinnvolles Gespräch nicht mehr möglich schien. Obwohl Du es sehr gern getan hättest, gab die andere Seite Dir keine Gelegenheit dazu. Viele Dinge blieben unausgesprochen und Sachverhalte konnten nicht geklärt werden.

Was würdest Du nicht alles dafür geben, alles wieder ins Reine zu bringen. Ohnmächtig stehen wir dann oft vor einem allzu großen Hindernis, ohne genügend Kraft, dieses zu überwinden.

Und doch geht das. Es geht mit der Kraft Deiner Gedanken!

Elektromagnetische Felder, die von Deinen Gedanken ausgehen, sind auch noch in großer Entfernung nachweisbar. Dein Bewußtsein verwendet subtile Energie, um seelische Veränderungen durchzuführen. Dazu mußt Du wissen, daß Dich neben Deinem feststofflichen Körper noch ein spiritiver oder feinstofflicher Körper, auch Aura genannt, umgibt.

Die Energie, die Du mit Deinen Gedanken in der Meditation an eine bestimmte Person richtest, kann mit speziellen Meßmethoden nachgewiesen werden.

Diese subtile Energie nimmt nicht mit dem Quadrat der Entfernung ab, wie es bei herkömmlichen elektromagnetischen Energieformen der Fall ist. Bei dieser Energieübertragung werden energetische Felder von Dir selbständig aktiviert.

Dieser Energietransfer erfolgt über nichthertzsche Energiefelder.

Da Quantenfelder die Eigenschaft haben, sich zu konzentrieren und keine Energie verlieren, erklärt, daß Du die bestimmte Person selbst über große Entfernungen erreichen kannst. Quantenfelder breiten sich schneller als Lichtgeschwindigkeit aus und sind unabhängig von einem Raum-, Zeit- oder Gravitationsfeld. Diese "gesendete"

Energie erreicht und durchströmt den spiritiven Körper Deiner Zielperson. Und nur dieser Körper, der auch "Geist" genannt wird, antwortet Dir auf Deine Fragen. Wie stark diese energetischen Felder sein können, zeigt, daß durch magnetische Resonanzuntersuchungen herausgefunden wurde, daß sich sogar Wasser im Zusammenhang mit geistigen Kräften in seinem Ionengehalt variieren läßt.
Wasser einer bestimmten Molekülstruktur ist imstande, die Glykoproteine in der Zellmembran aktiv zu verändern.
Ich zitiere wiederum Einstein.
Er hat schon in den dreißiger Jahren von einer subtilen Energie gesprochen, die einige geistig-seelische Vorgänge im Körper hervorruft. Diese energetischen Vorgänge, die in der Aura Deiner Zielperson ablaufen, sind auch mathematisch zu analysieren. Es muß für die Aura eine nichteuklidische Feldtheorie verwendet werden.

Euklidischer Raum:

Der Raum, den man im allgemeinen für einfachere kosmologische Modelle annimmt, und der flache Raum des Alltags. Mathematisch gesehen hat der Raum die Krümmung Null, und die Winkelsumme eines Dreiecks beträgt in ihm 180°.
In der gewöhnlichen Euklidischen Geometrie werden Entfernungen (s) durch die Raumkoordinaten x, y und z durch die Gleichung $s^2 = x^2 + y^2 + z^2$ berechnet.
Dies ist die **Metrik** im dreidimensionalen Euklidischen Raum.

Metrik:

Ein Maßsystem für die Entfernungen im Raum oder in der Raumzeit, das für jeden Beobachter, unabhängig von seiner Bewegung, gleich ist.

In der Astronomie und Kosmologie kommt der Metrik eine besondere Bedeutung zu, wenn man geometrische Verhältnisse auf großen Skalen im Universum betrachtet.

Einstein führte in seiner Theorie die Zeit (t) als vierte Dimension ein und definierte den Abstand in der Raumzeit durch die Metrik $s^2 = t^2 - (x^2 + y^2 + z^2)/c$.

Die Einbeziehung der Zeit bewirkte, daß Abstandsmessungen nicht vom Bewegungssystem abhängen, in dem man sich befindet, sie sind invariant.

Materie im Universum krümmt den Raum um sich herum. Es gibt verschiedene Möglichkeiten, die verschiedenartigen Krümmungsarten mathematisch zu beschreiben. Die oben angegebene Metrik beschreibt ein unendlich ausgedehntes Universum ohne Materie.

Euklid, griech. Mathematiker, um 300 v. Chr. Lehrte in Alexandria („Vater der Geometrie"); Lehrsatz über Beziehungen im rechtwinkligen Dreieck.

Felder können anschaulich durch Feldlinien dargestellt werden, d.h. durch Kurven, deren Tangenten in jedem Punkt mit der Kraftrichtung zusammenfallen.

Eine nichteuklidische Geometrie bezieht sich auf die Grundform der Ellipse.

Die Anwendung der subtilen Energie und deren Freisetzung erfolgt über die Meditation.

Du kannst während der Meditation frei mit der Zielperson kommunizieren. Die Antworten, die Du auf Deine Fragen erhältst, gibst Du Dir nicht selbst, wie Du vielleicht irrtümlich annehmen könntest, sondern sie kommen vom "Geist" Deiner Zielperson und sind derer Gedanken. Die Dauer der Meditation ist abhängig von Deinen Fragen an die Zielperson. Nur solltest Du Dein Gespräch oder Deine Fragestellung so wählen, daß Du Dich nach Möglichkeit einem Thema zuwendest. Deine Konzentration könnte sonst bei mehreren Problemen stark leiden.

Wir wollen an Hand einer ersten Übung versuchen, eine Person Deiner Wahl anzusprechen.

Entspanne Dich bitte, so wie ich es Dir in der letzten Meditation beschrieben habe. Also, verdunkle den Raum, sorge dafür, daß Du nicht gestört wirst und beginne mit Deinen Atemübungen.

Wenn Du ganz entspannt bist, konzentriere Dich bitte auf Deine Zielperson. Dein inneres Auge sieht sie vor Dir auf einem Stuhl sitzend. Jetzt darfst Du sie fragen.

Versuche nicht, Antworten, die Du erhältst und die Dir vielleicht unangenehm sind, von Dir wegzuschieben oder gar durch eigene, Dir angenehmere Antworten, zu ersetzen.

Lerne zu akzeptieren. Was Du hörst, sind die Gedanken Deines Gegenübers. Wenn Du auf alle Deine Fragen Antworten erhalten hast, dann beende das Gespräch.

Erhebe Dich von Deinem Stuhl und versuche Deine Zielperson zu umarmen. Sollte sie oder er sich wehren, die Umarmung nicht zulassen, dann trete hinter die Person und lasse all Deine Liebe fließen. Fühle dabei, ob eine Glückseligkeit durch Deinen Körper strömt. Wenn ja, dann übertrage sie auf Deinen Partner. Stell Dir vor, daß er sich ebenso fühlt wie Du in diesem Augenblick.

Diese, Deine Liebe, ist stärker als der Widerstand, Haß oder die Uneinsichtigkeit Deines Partners.

Nachdem Du in Deinem "Geiste" den Partner umarmt hast, beende die Meditation damit, daß alle Dir erscheinenden Bilder wieder verschwinden. Dir bereits bekannte Gedanken solltest Du wieder anschließen.

Ich bin vollkommen ruhig.
Ich bin eins mit den göttlichen Kräften des Universums.
Ich fühle mich geborgen in der wundervollen Gegenwart Gottes.
Nichts und niemand kann meine Ruhe stören.
Das Universum ist in mir.
Mein Herz schlägt ruhig und gleichmäßig.

Ich empfinde Glück und Unbeschwertheit.
Das Licht schützt mich und ich fühle mich eins mit der göttlichen Kraft, die durch meinen Körper strömt.
Danach öffne bitte Deine Augen.

Die Antworten, die Du bei der Meditation erhalten hast und Deine Argumente, werden das Bewußtsein von Dir und Deinem Partner erweitern. Du wirst die Erfahrung machen, daß der Mensch, der eben noch Haßgefühle gegen Dich hegte, Dir wie "ausgewechselt" vorkommt. Ich will dazu ein Beispiel erzählen.

Vor ca. 4 Jahren wohnte ich in einer Kleinstadt in einem sehr schönen Haus mit großem Garten und allem was dazugehört. Natürlich auch einem Nachbarn. Dieser Nachbar störte sich an jedem und allem. Ihm paßte es nicht, wie ich mein Auto parkte, er grüßte mich nicht und war ständig, so hatte ich jedenfalls den Eindruck, schlecht gelaunt.
Anfangs dachte ich, daß ich ihm Anlaß gegeben hätte, daß er sich mir gegenüber so verhält. Doch ich konnte mir, so sehr ich auch darüber nachdachte, nicht vorstellen warum. Also versuchte ich über die Meditation herauszufinden, was es war. Ich fragte ihn danach und er antwortete:
"Ich empfinde Neid, wenn ich sie mit ihrer Familie sehe. Sie sind immer gut gelaunt, erhalten sehr oft Besuch und finanziell geht es ihnen bestimmt auch nicht schlecht." Ich fragte weiter, was denn daran so schlimm wäre. Er sagte: "Eigentlich nichts, wenn es mir nur besser gehen würde. Ich bin sehr krank, habe Rheuma und ich sehne mich nach einer Familie."
War das denn immer schon so, daß Sie diese Neidgefühle hatten, fragte ich ihn. „Nein, als Sie noch nicht in diesem Haus wohnten, lebte hier eine Einzelperson mit vielen Sorgen. Da hatte ich das Gefühl, ich bin ja nicht der einzige Mensch mit Problemen."

Ich erzählte ihm, daß auch ich Sorgen und Ängste hatte.
Nur, mit dem Unterschied zu ihm, habe ich begriffen, daß diese zum Leben dazugehören, da ich mir diesen Weg ausgesucht habe.
Ich machte ihm Mut, sein Leben so anzunehmen und nahm ihn im "Geiste" in meine Arme.

Schon einige Tage später hatte ich einen "neuen" Nachbarn. Dieses Zwiegespräch und die Kraft meiner Gedanken haben bewirkt, daß mein Nachbar mir ganz anders gegenüber trat. Von nun an grüßte er mich freundlich, hatte auch nichts mehr zu meckern und er lud mich sogar zu einer Tasse Kaffee ein.

Dieses Beispiel soll Dir deutlich machen, was Du mit subtiler Energie erreichen kannst. Es ist kein Hokuspokus und kein Wunder, nur eine physikalisch, biologische Gesetzmäßigkeit.

Es war auch kein Zufall, denn nichts im Leben ist Zufall. Nehmen wir doch dieses Wort einmal genauer unter die Lupe. Für das Wort „Zufall" könntest Du auch sagen: "Es ist mir zugefallen."

Mein Nachbar ist mir zugefallen, damit ich mich mit ihm und seiner Problematik auseinandersetze, meine Erkenntnisse und mein Wissen über die Kraft der Gedanken und das Einsetzen dieser Kraft, für ihn zum Positiven anzubringen.

Eines solltest Du Dir aber immer vor Augen führen. Bringe Dein Wissen nur an, um Gutes zu tun. Niemals aus Eigennützigkeit oder um jemanden zu schaden, denn alles was Du aussendest kommt auf Dich zurück. Im Guten, wie im Schlechten. Aus eigener Erfahrung kann ich Dir darüber berichten.

Als ich noch aktiv Bowling spielte, ergab sich für meine Mannschaft die Situation, daß wir, um in eine höhere Spielklasse aufzusteigen, am letzten Starttag der Saison unbedingt unser erstes Spiel gewinnen mußten.

An einem Starttag werden mehrere Spiele absolviert. Nur war das erste Spiel von äußerster Wichtigkeit für uns, denn ein Sieg brachte im ersten Spiel immer einen Motivationsschub. Außerdem hatten wir es mit unserem "Angstgegner" zu tun. Obwohl meine Mannschaft hoch favorisiert war, konnten wir in der Saison gegen diesen Gegner nicht gewinnen. Meine Mannschaftskameraden baten mich, doch einen „Hokus Pokus", wie sie es nannten, zu versuchen. Sie wußten, daß ich mich mit dieser Thematik beschäftigte und erhofften sich, mehr „Augenzwinkernd", einen Erfolg. Ich unternahm also aus Eigennutz eine Meditation für meine Mannschaft.

Ich wünschte dem anderen Team nichts Böses, aber uns den Sieg. Das erste Spiel sollte um 10^{00} Uhr pünktlich beginnen. Wir waren vollzählig vertreten. Nur bei unserem Gegner fehlten zwei Spieler.

Zu einem Team gehören fünf Spieler, deren Einzelergebnisse zusammengezählt werden und als Gesamtergebnis in die Wertung kommen. Ist eine Mannschaft nicht vollzählig, besteht für sie kaum eine Chance, dieses Spiel zu gewinnen.

Obwohl dieser Starttag der vielleicht Wichtigste war, hatten die beiden das vergessen. Es wurde permanent versucht, sie telefonisch zu erreichen, aber es half nichts. Wir gewannen unser erstes Spiel (unser Gegner trat mit einer verminderten Anzahl von Spielern an) und stiegen schließlich in die höhere Spielklasse auf.

Was war passiert?

Nachdem das Spiel vorüber war, hatte die Telefonaktion plötzlich Erfolg. Warum waren die zwei Spieler vorher nicht telefonisch zu erreichen?

Der "Erste" hatte zwar diesen Termin in seinem Computer eingetragen, doch an diesem Tag gab es einen totalen Stromausfall, so daß nicht einmal sein Telefon funktionierte. Erst nach dem ominösen Spiel war er wieder erreichbar.

Der "zweite" Spieler, der als Ersatz aufgestellt war, hatte tags zuvor versehentlich das Telefonkabel aus der Anschlußdose gerissen. Er bemerkte es am nächsten Tag, behob den "Schaden" und es klingelte - nur zu spät. Das Spiel hatte bereits begonnen und sein Einsatz brachte keinen Erfolg mehr.

War das jetzt Zufall?

Nein - es war von mir ungewollt "Schwarze Magie", die ich aus reinem Egoismus angewandt hatte. Die Folge war, daß ich an diesem Tag so schlecht spielte wie nie zuvor und ich mich sogar dabei körperlich verletzte und ausgewechselt werden mußte. Ich habe daraus gelernt, daß ich diese Kräfte niemals aus egoistischen Motiven einsetzen darf. Alles, was Du aussendest, bekommst Du in Deinem Leben wieder zurück. Das "Gute", wie das "Schlechte". Die Natur sorgt dafür und schafft den dafür notwendigen Ausgleich.

Meditation zum Tag

Bedenke, alles was Du bis jetzt gelesen hast und das, was Du noch erfahren wirst, sind "meine" Erfahrungen. Deshalb sollte für Dich gelten: "Glaube nicht auf mein Wort hin, daß Du Geist bist, sondern entdecke es selbst.
Höre nicht auf die Worte aller Religionen, sondern entdecke es selbst.
Höre nicht auf die Worte aller Religionen der Welt, daß Du eine Seele bist, verlaß Dich nicht auf die Berichte der Mystiker, die diese Erfahrung selbst gemacht haben, sondern erfahre es am eigenen Leib.
Bis Du nicht selbst die Wirklichkeit des Geistes erfahren hast, ist es nur ein Konzept, eine Idee von vielen.
Hast Du schon einmal nachts nicht einschlafen können? Ich kenne niemanden, dem es nicht schon so ergangen wäre. Du bist zwar müde, liegst aber unruhig im Bett, weil Dich Tagesprobleme beschäftigen oder Ängste Dich nicht loslassen wollen. Irgendwann in den frühen Morgenstunden schläfst Du dann doch ein und bist, wenn der Wecker Dich ruft, um aufzustehen und zur Arbeit zu gehen, niedergeschlagen und völlig erschöpft.
Das zieht sich dann durch den ganzen Tag und bleibt solange bestehen, bis Du entweder das Problem bewältigt hast, oder Du vor lauter Angst, Unzufriedenheit oder Ärger krank wirst.
Die Verarbeitung dieser Probleme beansprucht auf Dauer zuviel Kraft und Energie, die Du viel sinnvoller einsetzen könntest. Durch eine einfache Meditation, kurz vor dem Einschlafen, wird Dir das gelingen.
Stell Dir einfach einen großen Wäschekorb vor - er ist leer und steht in Deinem Schlafzimmer. In Gedanken läßt Du noch einmal den Tag Revue passieren. Alles das, was Dich geärgert hat, lege in den Wäschekorb ab und verschließe ihn mit einem Deckel.
Dann erinnere Dich an die schönen Momente an diesem Tage - selbst, wenn der Tag noch so schlecht für Dich verlaufen ist, gab es

immer Augenblicke der Freude. Und mit dieser kleinen Freude schläfst Du ein. Nimm Dir fest vor, daß Dein letzter Gedanke Dein erster sein wird und Du wirst bald feststellen, daß Du am nächsten Morgen viel erholter und zufriedener aufwachst. Am Anfang wird Dir das noch schwerfallen, denn ich weiß, daß es nicht so leicht ist, starke Probleme und Ängste einfach wegzutun. Doch, wie sagt schon ein altes Sprichwort? "Übung macht den Meister." Diese Meditation ist auch nicht dazu da, um diese Konflikte zu lösen. Sie gibt Dir lediglich die Kraft, die Du brauchst, um für den täglichen "**Kampf**" gerüstet zu sein.

Reinkarnation und die Lehre von der Wiedergeburt

Zeitalter beenden ihren Lauf, neue beginnen sich anzukündigen. Der Umbruch vom Alten zum Neuen bringt stets gravierende Änderungen mit sich, auch das Denken der Menschen erfährt eine Neuorientierung.

Wir werden in Zukunft immer mehr wissen; ob wir dabei "weiser" werden, weiß ich nicht ... Woran liegt das?

Ein großer Fehler in unserer heutigen Zeit und Weltanschauung liegt darin, daß wir in "Schubladen" denken. In die eine Schublade zwängen wir die Wissenschaft, in die andere die Religion und in die nächste die Philosophie.

So lassen diese drei Denkmöglichkeiten des menschlichen Bewußtseins wenig Kommunikation und Koordination untereinander zu.

Aber gerade hier liegt die Tragik unserer Zeit, denn Wissenschaft, Religion und Philosophie sind die Schößlinge des menschlichen Geistes. Nur gemeinsam befähigen sie den Menschen, die gesamte Natur zu erfassen.

Wenn wir von diesem Schubladendenken nicht wegkommen, werden wir immer nur eine "Teil"- Erkenntnis erlangen, nicht aber die wirkliche Weisheit gewinnen. Zu welchen erhabenen Erkenntnissen könnte die Wissenschaft kommen, würde sie sich das überlieferte Wissen, die "Weisheit der Zeitalter", zunutze machen!

Die Errungenschaften moderner Wissenschaft sind in vielen Bereichen mit dem reinen Intellekt kaum noch erfaßbar. Um so bedauerlicher ist es, daß nach dem Sichtbaren der Erscheinungswelt geforscht wird. Die Wissenschaft fragt nicht nach dem "Warum", dem sogenannten Noumenon, denn in dem "Nicht-Materiellen" ist Weisheit. In ihm liegen die Erklärungen für die Gesetze der Physik, der Chemie, der gesamten Naturwissenschaft.

Dazu gehört auch die Lehre von der Wiedergeburt.

Die Wiedergeburt ist unter allen Völkern eine der weitverbreitetsten Lehren und gehört zu den ältesten Glaubensbekenntnissen, die von Menschen formuliert wurden.

Im Sinn des Wortes "Wiedergeburt" liegt der Aspekt, das "Wieder - zur - Geburt - kommen" der menschlichen Seele oder des sich wiederverkörpernden Egos in einem neuen Menschen.

Dazu mußt Du wissen, daß es kein Leben ohne Tod geben kann und keinen Tod ohne Leben.

Leben und Tod sind eins - zwei Phasen ein und desselben Prozesses. Das Universum ist die Ewigkeit, in die Du als Mensch eingebunden und dessen Teil Du bist.

Der Mensch ist wesentlich mehr als eine sterbliche Hülle, der Körper. Mit Deinem physischen Tod ist nicht etwa alles zu Ende, ja es beginnt dann erst Dein wahres Leben. Deine Seele wurde zur gleichen Zeit erschaffen wie das Universum. Deine Seele ist ein Atom im Körper Gottes. Deine Seele trägt in sich das verkleinerte Bewußtsein der Schöpfung. Als Deine Seele erschaffen wurde, wurde ihr der freie Wille und alle anderen Attribute Gottes, einschließlich der schöpferischen Phantasie und der Kraft der Manifestation, gegeben. Das ist dieselbe Phantasie, durch die der universelle Geist die Schöpfung verwirklichte und die Deiner Seele innewohnt. Durch Muster, die aus der Phantasie geboren wurden, projiziert Deine Seele ihre übernatürliche Gotteskraft in materieller Form, zum Zwecke des Spiels. Deine körperliche Hülle zerfällt, wenn die Zeit dafür gekommen ist, aber Deine Seele, das Atom Gottes, kann nicht sterben, denn sie ist reine Energie. Das Spiel Deiner Seele ist das, was wir als Leben bezeichnen. Egal, wie kurz oder lang dieses sogenannte Leben verläuft, Du allein hast die Spielzeit gewählt.

Ist sie abgelaufen, dann tritt Deine Seele eine wunderbare Reise ins Innere dessen, was wir als Gott bezeichnen, an.

Wie kamen die Seelen auf die Erde?

Als die Seelen mit in die materielle Schöpfung hineingezogen wurden, geschahen zwei Dinge. Erstens, sie konzentrierten mehr Energie auf die physische Ebene von Schwingungen, vermischt mit den sich herausbildenden materiellen Strukturen auf der Erde, und nahmen physische Formen an. Bei diesem Prozeß entstanden menschliche Körper, und allmählich entwickelten sich die fünf Sinne, um damit auf der physischen Ebene des Seins zu interagieren. Zweitens, da sie der physischen Ebene von Schwingungen mehr Aufmerksamkeit schenkten, schwächte sich langsam ihr Bewußtsein von der spirituellen Ebene. Die Seelen waren auf die sinnliche Wirklichkeit ihrer eigenen Körper gebannt und vergaßen ihren Ursprung und gerieten in Gefangenschaft des Körpers, in eine sinnliche Existenz auf dem Planeten.

Seither ist der Weg der Seelen der, dies zu durchschauen und zu lernen, ihr Erbe als Seelen des spirituellen Reiches und als Gefährten Gottes wiederzuentdecken und wiederzugewinnen. Die Seelen bewegen sich weg von Gott, in die Illusion der materiellen Welt, und doch suchen sie den Weg zurück.

Solange Deine Seele dieses Erbe des spirituellen Reiches nicht wiedergefunden hat, solange muß sie wieder und wieder inkarnieren. An dem Tag, an dem Deine Seele ihr spirituelles Bewußtsein wiederfindet, geht sie ein in die Unendlichkeit des Kosmos.

Unter den Werkzeugen, die Deine Seele benutzt, um ihren Weg zurückzufinden, ist die Erfahrung der Dimensionalität.

Zeit und Raum wurden als Dimension in Deinem Bewußtsein erschaffen, um Deiner Seele eine Spielfläche zu liefern.

Demnach ist Zeit und Raum in Wirklichkeit gar nicht vorhanden, sondern allein in Deinem Bewußtsein manifestiert. Vergangenheit, Gegenwart und Zukunft existieren nicht reell, es sind nur verschiedene Bewußtseinsebenen ein und desselben Vorganges, des Wachsens Deiner Seele.

Der Raum ist das Mittel, durch das Deine Seele kraft ihrer Sinne die Illusion des Getrenntseins von Gott aufrechterhält.
Diesen Raum entwirft sich Deine Seele selbst, damit sich ihre Selbstfindung vollziehen kann. Er ist eine sinnliche Täuschung, die Dich davon ablenkt, daß Du in Gott bist. Jede Seele, auch die Deine, trägt den Stempel des Schöpfers. Damit trägt sie in sich das Bild vom Ganzen.
Denke nach, was dies bedeuten kann.
Wenn in jeder Seele das Ganze enthalten ist, dann ist alles Wissen bereits in jeder, auch in Deiner Seele, enthalten.
Nun zu dem, was Dich sicher brennend interessieren wird. Was passiert nach Deinem Tod? Gibt es ein Leben nach dem Tod? Auf die letzte Frage kann ich Dir mit einem eindeutigen "Ja" antworten.
Wenn Du stirbst, vergeht nur Deine körperliche Hülle. Das, was Dein Leben, Dein Sein ausgemacht hat, die Seele, ist das, was nicht stirbt. "Wieso stirbt sie nicht?", könntest Du fragen. Die Antwort ist ganz einfach.
Energie kannst Du nicht töten. Deine Seele ist Essenz der Energie des Kosmos und wird es immer bleiben.
Kommt dann Dein Tod, tritt für die Zwischennatur Befreiung aus der physischen Gebundenheit ein und Deine Seele nimmt sie in sich auf. Sie kehrt in das spirituelle Reich zurück, aus dem sie ihrer Bestimmung nach wieder hervorgehen wird, um von neuem einen physischen Körper zu bewohnen. Im "Schoße" ihrer Geist-Seele schlafend, findet die Zwischennatur in dem spirituellen Reich Ruhe und unsagbare Glückseligkeit.
Was ist die "Zwischennatur"? Geist und Körper sind durch Bande verbunden, die ungleich stark sind. Der Geist ist in seiner Essenz unsterblich. Er sehnt sich nach seiner eingeborenen Freiheit, die ihm durch Deinen Körper verwehrt wird. Dein Tod löst diese Bande auf. Für Deine Seele aber beginnt von nun an ein Aufenthalt als freie, spirituelle Existenz, bis sie wieder in einem neuen Körper inkarniert.
Handlungen, bestimmte Gedanken und Gefühlsregungen Deiner See-

le in früheren Leben, wirken mehr oder weniger stark ins neue Leben fort.

In dieser Zwischennatur, ich nenne es die "Dritte Ebene", erholt sich Deine Seele und verdaut mental die Lektionen, die sie gerade im vergangenen Leben gelernt hat sowie die Ideen, die sie beschäftigten. Während dieses Aufenthaltes hat Deine Seele Zeit und Gelegenheit für ein völliges Aufblühen all dessen, was ihr im letzten (in Deinem Körper) Erdenleben das Liebste, Höchste und Reinste gewesen ist.

Sie erlebt das (auf der "Vierten Ebene") in ihrer ganzen Fülle. Folgender Prozeß vollzieht sich in Deiner Seele nach dem Tod:

Stell Dir vor, Du besäßest ab sofort kein "Ego" mehr - so sehr Du Dich dabei auch anstrengen magst, Du schaffst es nicht, zumindest nicht in Deinem Tagesbewußtsein. Wie wunderbar, wenn Du es erleben könntest. Es geht durch eine bestimmte Meditation, die wir später noch durchführen werden. Dieser glückliche Zustand kann nach Erdenjahren bis zu ca. zweitausend Jahre andauern.

Vielleicht kannst Du jetzt mehr mit dem Satz, den ich am Anfang dieses Buches verwendet habe, anfangen. Zur Erinnerung:
"Das Leben ist der Traum, aber Du mußt diesen Traum hier leben."

Das **wahre** Leben findet also in der Zwischennatur statt. Mit dem Wissen, wie Dein Leben nach dem Tode aussieht und wie es sich anfühlt, bekommst Du ein völlig neues Verhältnis zum Tod. Noch zu viele Menschen wissen nichts davon und trauern bei dem Verlust eines Mitmenschen. Ab heute weißt Du, daß der Trauer Freude weichen müßte, denn der Verstorbene fühlt sich unsagbar glücklich in der Zwischennatur.

Deine Seele oder Dein Ego befindet sich also in diesem "Glücklichen Land", das auch als **Devachan** bezeichnet wird, in seliger Ruhe und fühlt sich während seines Aufenthaltes unaussprechlich glücklich.

Jeder Mensch erlebt dieses Devachan, unterschiedlich in Typ und Grad, je nach dem Bewußtseinszustand. In dieser Region spirituellen

Friedens und seliger Erholung sind alle Erfahrungen Deines Egos unbeschreiblich rosig und ungestört. Selbst die leiseste Andeutung einer Widerwärtigkeit oder eines Unglückes, gleich welcher Art, kann es nicht erreichen.

Wenn dann diese Ruhephase dem Ende entgegengeht, steigt Dein Ego zunächst langsam an und sinkt dann immer schneller die hierarchische Skala von Graden hinab und tritt schließlich in eine neue Erden-Inkarnation ein.

Es wird psycho-magnetisch wieder zu der Sphäre hingezogen, in der es vorher gelebt hat - in Deinem Fall also zur Erde.

Dein Ego (Seele) kann nirgendwo anders hingehen, nur dorthin wo seine Anziehungskräfte es ziehen. Das findet nicht von ungefähr statt oder auf gut Glück, sondern vollzieht sich im Einklang mit den Funktionen von "Gesetz und Ordnung", dem Gesetz der Natur.

Bei ihrer Inkarnation fühlt Deine Seele den "Samen", der ihr ins Gewebe gesät wurde, und er ist die Basis für künftige Ursachen in einem neuen Leben. So werden auf der Erde Herzen wiedervereinigt, die einander früher geliebt haben. Deine Seele trifft andere Seelen, mit der sie sich früher in sympathischem Einvernehmen verstanden hat.

Alle Menschen, die Dir in diesem Leben wichtig und lieb sind, sind Seelen aus vergangenen Leben.

Natürlich werden Dir auch Menschen begegnen, denen Du Leid zugefügt hast oder die Dir weh taten. Bei diesen Menschen hast Du dann etwas aufzuarbeiten und umgekehrt ebenfalls.

Du wirst ihnen wieder und wieder begegnen. Du kannst auch gar nicht anders, denn die Liebe ist das Magnetischste im Universum.

Liebe zieht Liebe an.

Die unpersönliche Liebe des Weltalls ist die kosmische Energie, die Sterne und Planeten in ihrem Bahnen hält. Sie ist es auch, die den Bau und die Struktur der Atome leitet. Die Liebe ist alldurchdringend und allmächtig.

Sie ist die Ursache für Energie, die in Myriaden Formen überall am Werke ist. Ein wunderbares Paradoxon.

Vergiß aber nicht, daß die Liebe, von der ich hier spreche, die ganz unpersönliche Liebe der kosmischen Göttlichkeit ist. Diese Liebe ist völlig wertneutral. Nur der kleine freie Wille, den Deine Seele mitbekommen hat, könnte sie veranlassen, diese kosmische Energie zu unlauteren Handlungen zu mißbrauchen.

Dieser Mißbrauch verursacht dann oft Schmerz, Leid und die Folge daraus ist die Krankheit.

Die Natur hat ein Herz aus unendlichem Mitleid und benutzt das Leid und den Schmerz als Mittel, damit Du lernst besser zu handeln.

Ein Beispiel für die Wiederverkörperung hast Du sicher schon einmal selbst erlebt. Du blickst in die Augen eines Fremden, das heißt, für Deinen jetzigen Körper ist er ein Fremder, aber Deine Augen erkennen in ihm intuitiv einen alten Freund.

Sofortige Sympathie, schnelles Verstehen und Einfühlung stellen sich bei beiden ein. Du begibst Dich an einen Ort, an dem Du in diesem Leben noch nie warst und doch fühlst Du Dich heimisch, Dir kommt vieles bekannt vor. Ja vielleicht sagt Dir Dein Bewußtsein: "Das kenne ich, hier war ich doch schon einmal - oder ?! "

Es gibt zahlreiche Berichte von Menschen, die Straßen, Gebäude und Wege von Orten genau beschrieben haben, obwohl sie niemals in diesem Leben dort gewesen sind.

Dir werden Menschen begegnen, die Dir sagen:
"Die Lehre von der Reinkarnation gefällt mir nicht und scheint mir nicht wahrheitsgetreu zu sein."

Fragst Du sie nach dem Grund, so lautet die Antwort fast immer:
"Weil ich mich an meine früheren Leben nicht erinnern kann."
Oder auch:
"Wie könnte ich mich an Einzelheiten an vergangene Leben erinnern?" Beantworte diese Frage mit einer Gegenfrage:
"Kannst Du Dich daran erinnern, wann Du in diesem Leben Deiner selbst bewußt wurdest?"

"Kannst Du Dich daran erinnern, wann Du in diesem Leben Deine erste vollständige Mahlzeit eingenommen hast und damit aufhörtest, an der Brust Deiner Mutter zu saugen und den ersten Brei zu essen?"
"Kannst Du Dich auch erinnern, was Du heute morgen, mit allen Einzelheiten in der richtigen Reihenfolge, getan hast und was heute vor genau einem Jahr war?"

Der Einwand, des sich nicht erinnern Könnens ist trivial und oberflächlich und hält einer Prüfung nicht stand.

Zumal jeder neue Körper ein neues physisches Gehirn enthält, welches das Instrument des physischen Gedächtnisses ist.

Es muß bei jeder neuen Inkarnation geschult werden. Das ist für die meisten Menschen auch gut so.

Sie würden sonst von den Enthüllungen zurückschrecken, weil vielleicht Erbärmlichkeiten, Verzweiflung und Elend aus vergangenen Leben, stärker nachwirken könnten als die schönen Dinge und Situationen, die es sicher auch gab.

Wenn Du Dich selber fragst, wirst Du zu dem gleichen Ergebnis kommen, daß Du Dich nur ungern an unangenehme Dinge in Deinem jetzigen Leben erinnerst, sie lieber verdrängst. Die Natur weiß genau, warum sie es so und nicht anders eingerichtet hat. Es mag Dir und vielen anderen Menschen seltsam erscheinen, daß es so einen großen Unterschied geben soll zwischen der relativ kurzen Zeitspanne, die Du hier während Deines Erdenlebens verbringst und der weitaus längeren Zeitperiode, die Deine Seele in der Zwischennatur durchmacht. Betrachten wir den Menschen als Manifestation, so erinnert dies an das seltsame Paradoxon, daß der Mensch, also auch Du, als evolvierende Seele höher entwickelt ist als die Erde, auf der er lebt.

Du hast als Mensch, trotz Deiner kleinen Bewußtseinssphäre, schönere Träume als der Erdgeist. Für Deine Hoffnungen, die Du viele Jahre genährt hast, und für Deine allzuoft vereitelten wunderbaren Träume, zu deren Erfüllung kein Erdenleben ausreichen würde, benötigt dem Gesetz der Natur entsprechend Deine Seele im Devachan eine längere Zeit der Ruhe und Erholung.

Eine Zeit ungefesselter spiritueller Aktivität, um ihrer Sehnsucht Gelegenheit zum Aufblühen zu geben.

Laß Dich zum Abschluß noch vor einem möglichen Irrtum bewahren: Du könntest beim Lesen der vergangenen Zeilen auf die Idee gekommen sein, das ist ja toll, ich habe viele Sorgen, Probleme, Wünsche und Sehnsüchte, die ich in diesem Erdenleben wahrscheinlich gar nicht mehr bewältigen kann und will. Dann wäre es doch besser, wenn es im Devachan so unsagbar schön sein soll, daß ich mir gleich das Leben nehme, um dahin zu gelangen.

Bei Selbstmord liegt der Fall jedoch etwas anders. Ich muß Dich ausdrücklich vor den furchtbaren Folgen für Deine Seele warnen.

Der Akt des Selbstmordes bedeutet den zeitweiligen Verlust des spirituellen und intellektuellen Haltes, den der Selbstmörder erleidet.

Die Handlung ist begangen; darauf setzt sofort Bewußtlosigkeit ein, und zwar für eine kürzere oder längere Zeit, die abhängig vom individuellen Fall ist.

Dieser folgt ein langsames oder schnelles Erwachen in der Astralwelt, in der das erschrockene Bewußtsein, mit dem Entsetzen der begangenen Tat gestempelt, den Akt des Selbstmordes wieder und wieder von neuem wiederholt. Das Bewußtsein ist durch die Tat so beeindruckt worden, daß es nun gezwungenermaßen höchst aktiv ist. Dieser Akt vollzieht sich so lange, bis der normale Tod des Menschen eingetreten wäre, wenn er noch weiter auf Erden gelebt hätte.

Beschwichtigend muß gesagt werden, daß Selbstmord, begangen von einem Menschen, der andere schützen wollte, nicht von der Natur bestraft wird. In allen Fällen ist der Selbstmord und die sich daraus ergebenden Folgen ausnahmslos eine Sache des Bewußtseins. Die Natur kennt keinen Selbstmord und er ist somit ein Verstoß gegen das Gesetz der Ordnung , dem Kosmos.

Was ist Leben?

"Leben ist der Anfang des Todes."
                               Novalis (1,385), Blütenstaub

Der gesamte Prozeß des Todes ist ein Zerfallsprozeß, doch das Leben fließt unaufhörlich weiter fort. Leben ist alles, was ist, da es die Wurzel von allem Seienden ist. Diese Wurzel hat aber weder einen Anfang noch ein denkbares Ende. Daß Du lebst, verdankst Du der Elektrizität, die in Dir ist, gepaart mit Bewußtsein, das Du auf keinen Fall getrennt betrachten solltest.

Das Bewußtsein ist der Urheber, und dieser Urheber bringt durch die ihm innewohnenden Kräfte (Gedanken) aus sich selbst Leben hervor. Gedanken formen und erschaffen also Leben. Leben ist Bewußtsein. Das kosmische Bewußtsein, von dem hier die Rede ist, ist unendlich, schrankenlos und ohne Grenzen.
Es ist der Träger all der edleren, höheren Teile der kosmischen Wesenheit, die ich die "Familie" nennen möchte.

Vergleicht man unser Bewußtsein mit dem kosmischen Bewußtsein, und würden wir einen sichtbaren Beweis für den Unterschied liefern wollen, dann wären wir der Tropfen und das kosmische Bewußtsein, das Meer. Selbst dieser Vergleich wäre genauer betrachtet relativ oberflächlich. Vielmehr müßten alle Wassermassen der Weltmeere für das kosmische Bewußtsein herhalten.

Du bist demnach in Deiner Konstitution nur eine kleine Welt, ein Mikrokosmos der großen Welt. Könnte die Ameise, das Insekt oder die Rose im Garten wie Du sich bewußt sein, dann wärst Du für sie genauso grenzenlos, wie für Dich der Kosmos. Ihr begrenztes Selbst erlaubt es ihnen nicht, das zu erfahren.

Du jedoch hast die einzigartige Möglichkeit, durch die Kraft Deiner Gedanken und durch die Erweiterung Deines Bewußtseins, zumindest intuitiv zu erfassen, das was die große Welt, der Makrokosmos sein kann. Leben ist der Kreislauf im Mikrokosmos sowie im

Makrokosmos. Untrennbar miteinander verbunden ist damit auch der Tod. Da alles „Eins" ist, gehört er ebenso in diesen Kreislauf.

Er ist nur der andere, der Gegenpol. Für uns geschaffen, um Leben überhaupt zu erkennen. Du erinnerst Dich, daß wir immer das Gegensätzliche, die Dualität benötigen. Die Zahl „Zwei", die sich hier versteckt, spielt in unserem Leben eine dominierende Rolle. Sie ist unser Tagesbewußtsein.

Der Weg zum See Deines Lebens

In der folgenden Meditation wirst Du das erste Mal in einen anderen Bewußtseinszustand treten. Dieser Zustand ist der sogenannte Alpha-Zustand. Deine Gehirnströme erreichen während dieser Meditation eine Frequenz von ca. 20-25 Hz. Es handelt sich hier um ein sehr leichtes "Alpha", vergleichbar mit dem autogenen Training. Um Dich in diesen Zustand zu versetzen, ist es notwendig, daß Du Dir mit Hilfe Deiner Vorstellungskraft und meinen Worten ein Bild visualisierst. Bevor wir mit der Meditation beginnen, möchte ich Dich mit dem tieferen Sinn der Übung vertraut machen.

Der Weg zum See Deines Lebens dient Dir zur Entspannung und zum Auftanken verlorengegangener Kraft. Immer, wenn Du Dich müde und ausgelaugt fühlst, weil Dich der Alltag mit seinen Aufgaben überfordert, kannst Du diese Meditation anwenden. Aber nicht nur dafür, denn sie ist auch die Vorstufe zu weit tieferen Bewußtseinserfahrungen.

Den Weg zu Deinem See gehst Du in Deinen Gedanken.
Stell Dir eine Sommerwiese vor.
Du sitzt auf einer Parkbank, Deine Füße berühren den Boden.
Vor Dir siehst Du einen Weg, der über diese Wiese führt.
Und Du siehst zwei Hügel.
Der erste Hügel erhebt sich links von Deinem Blickwinkel und ist begrenzt von einem Felsen.
Der zweite Hügel ist weiter entfernt als der erste und der Weg führt fast gerade dahin.
Auf dem Gipfel steht ein Turm.
Aus dem Felsen, von links oben nach rechts unten, fließt ein Bach direkt an Dir vorbei. Ein kleiner Steg überquert ihn.
Für die Meditation brauchen wir nur den Weg zum Felsen. Du wirst Dich von Deiner Bank erheben, den Steg betreten und direkt am Bach entlang zum Felsen bergauf gehen. Unterstützung bei Deiner Visualisierung soll Dir das Meditationsbild geben.

Wenn Du Dich mit dem Weg vertraut gemacht hast, kannst Du mit der Meditation beginnen.
Sitze bequem auf Deinem Stuhl und schließe die Augen.
Du bist allein und niemand kann Dich stören.
Dein Körper ist ganz entspannt und Du atmest ruhig und gleichmäßig. Das Licht schützt Dich vor negativen Schwingungen (denke an die Übung mit dem Licht).

Du siehst Dich auf einer Bank sitzend, inmitten einer wunderschönen Landschaft. Die Sonnenstrahlen sind angenehm warm und ein leises Lüftchen weht um Dein Gesicht. Vögel singen ihre Lieder und ihr Klang vermischt sich mit dem Plätschern eines kleinen Baches. Blickst Du leicht nach links, dann siehst Du entfernt von Dir einen Hügel mit einem großen Fels.

Aus ihm fließt ein Bach, talwärts an Dir vorbei. Unmittelbar vor Dir erstreckt sich ein Weg, der über einen Steg zu dem Fels führt. Erhebe Dich von Deiner Bank und beschreite den Weg. Du spürst bei jedem Schritt, den du gehst, den Boden unter Deinen Füßen. Du brauchst Dich nicht zu beeilen, denn Du hast alle Zeit der Welt.

Du bist jetzt an dem Steg angekommen, der den Bach überquert.
Verweile auf der kleinen Brücke und sieh in den Bach.
Schau in das Wasser, wie es fließt, - erkennst Du Dein Spiegelbild darin?

Nachdem Du einige Zeit auf dem Steg verweilt hast, kannst Du diesen jetzt verlassen und Dich auf den Weg zum Felsen begeben. Er führt Dich unmittelbar am Bach entlang.

Du steigst weiter den Hügel hinauf und der Fels ist schon sehr nahe. Noch aber bist Du nicht am Ziel, denn der Bach nimmt wieder Deine Aufmerksamkeit in Anspruch.

Du kniest nieder, tauchst Deine Hand in das Wasser und Du fühlst den Fluß der Natur. Spielerisch umschließt das Element jeden Deiner Finger und doch entzieht es sich Dir wieder.

Erhebe Dich - setze Deinen Weg fort.

Du hast jetzt den Gipfel des Hügels erreicht und erkennst, daß im Fels eine Öffnung ist - trete bitte ein.

Die Öffnung weitet sich zu einem Gang aus, an dessen Ende Du ein mattes Licht siehst.

Je tiefer Du vordringst, desto breiter wird der Gang, wird größer und größer, wächst an zu einem gewaltigen Gewölbe.

Und dann liegt er vor Dir - Dein See.

Schau Dich um in dem Gewölbe. Sieh nach oben, wo Licht das Innere erhellt, obwohl die Decke geschlossen und eine Quelle des Lichts nicht zu erkennen ist.

Nimm Dir Zeit, das Gewölbe zu erkunden, umlaufe Deinen See. Er gehört nur Dir und niemand außer Dir darf sich hier aufhalten. Wenn Du möchtest, kannst Du jetzt baden, Dich im Wasser treiben lassen oder auch tauchen. Du bekommst ausreichend Luft und nichts beengt Dich.

Mit jedem Schwimmzug fließen alle Sorgen und Ängste von Dir. Du fühlst Dich leicht - eine kleine Glückseligkeit durchdringt Deinen Körper. Bade, schwimme oder tauche ca. 3 Minuten lang.

Steige bitte aus dem Wasser und nimm die Kraft, die Du bekommen hast, mit. Begib Dich auf den Rückweg, ohne Hast und Eile. Also wieder in den Gang, der kleine Bach liegt jetzt rechts neben Dir, bergab direkt zum Steg und zu Deiner Parkbank.

Nimm bitte Platz und stelle Deine Füße auf den Boden. Danach öffne die Augen. Sage Dir wieder:

Ich bin vollkommen ruhig. Ich bin eins mit den göttlichen Kräften des Universums. Ich fühle mich geborgen, in der wundervollen Gegenwart Gottes. Nichts und niemand kann mich stören. Das Universum ist in mir. Ich empfinde Glück und Unbeschwertheit.

Das war die Meditation im leichten Alpha-Zustand. Solltest Du im See Personen, gleich welche, angetroffen haben, dann versuche beim nächsten Mal, diese Personen wegzuschicken. Fische und Pflanzen im Wasser sind o.k., aber keinesfalls Menschen. Denn ein anderer

Mensch in Deinem See würde Dir Energie von Deiner Lebenskraft abziehen. Personen im Gewölbe kannst Du gewähren lassen.

Wasser, du hast weder Geschmack noch Farbe noch Aroma. Man kann dich nicht beschreiben. Man schmeckt dich, ohne dich zu kennen. Es ist nicht so, daß man dich zum Leben braucht: du selber bist das Leben.
Sain-Exu-Pe´ry (1,203), *Wind, Sand und Sterne*

Was bedeutet das Wort „Gott"?

In diesem Buch kommt das Wort "**Gott**" sehr häufig vor. Vielleicht kannst Du Dich mit diesem Wort nicht so recht anfreunden, weil Du damit persönlich keine guten Erfahrungen gemacht hast oder Dir bekannte Personen, die von Schicksalsschlägen, wie sie glauben, getroffen wurden, keine guten Erinnerungen an den "**Gott**" haben.

Ich meine damit nicht den alten Mann mit weißem Bart, der auf einer Wolke sitzend Dich beobachtet und beurteilt, ob gut oder schlecht ist, was Du gerade tust oder getan hast. Es ist nicht der Gott, der dann mit einem schrecklichen Strafgericht über Dich richtet oder Gnade walten läßt.

Der Gott, von dem hier die Rede ist, ist alles was Dein und mein Bewußtsein erfassen kann und noch viel mehr als das.

Der "**Gott**" zeugt, empfängt und tötet nicht, er ist das "Etwas", das größer als wir selbst ist. Er ist die völlig wertneutrale Liebe des Kosmos, Intelligenz, unbegrenzte Kraft, er ist die Vollkommenheit der Wahrheit, Freude und Energie, er ist alles, was ist.

Eine der Hauptschwierigkeiten, an den Schöpfer und Vollendergott zu glauben, ist die schon im Alten Testament gegebene personale Gottesvorstellung. Meines Erachtens gehört sie in den Bereich vorkritischen Denkens der Mythologie. Wenn auch der alte Mann mit dem langen weißen Bart langsam von vielen als fatales Klischee durchschaut wurde, existiert noch in sehr vielen Köpfen eine unausrottbare, falsche Vorstellung von einem allzu menschlichen Gott, einem Gott im Himmel über den Wolken mit seinem Hofstaat aus Engeln und Heiligen. Diese Vorstellung ist durch die Jahrhunderte bis in unsere Tage geschleppt worden.

Wie oft wurden und werden noch von Theologen und Predigern die - in sich oft großartigen - Bilder christlicher Kunst unkritisch zu theologischen Anschauungszwecken mißbraucht.

Gott ist keine Person, er ist das Unendliche in allem Endlichen, das Sein in allem Seienden. Wenn Einstein von kosmischer Vernunft, oder wenn östliche Denker von **"Nirvana", "Leere", dem "Absoluten Nichts"** sprechen, dann wird dies als Ausdruck der Ehrfurcht vor dem Geheimnis des Absoluten zu verstehen sein. Entscheidend ist nicht das Wort, entscheidend ist die Sicht der Dinge. Du kannst jederzeit für Gott ein anderes Wort einsetzen.

Karma und dessen Bedeutung

Jeder wird ernten, was er gesät hat. (Galater 6, 7)

Um Karma, wie das spirituelle Gesetz der Lektionen in der Esoterik genannt wird, zu erklären, muß ich noch einmal auf die Reinkarnation zurückkommen.
Ich habe dort berichtet, daß eine Seele mehrere Male auf die Erde zurückkehrt, da sie zu lernen hat, woher sie kommt.
Das kann ein sehr langwieriger Prozeß werden, und er ist abhängig vom Grad des spirituellen Bewußtseins, den sich die Seele am Anfang ausgesucht hat. Ist das spirituelle Bewußtsein wenig oder gar nicht ausgeprägt, wird die Seele weit mehr Lektionen zu lernen haben, als eine Seele, die schon fortgeschrittener ist. Karmische Lektionen können sehr vielseitig sein, sie ergeben sich meist aus nicht gelernten, nicht bewältigten Aufgaben oder aus der Saat, die Du in einem vergangenen Leben gelegt hast und jetzt erntest.

Mit der Saat meine ich zum Beispiel das Leid, das Du einem anderen Menschen zufügtest und jetzt vielleicht am eigenen Leibe, durch eine angeborene Behinderung oder Krankheit, als Lektion lernen mußt.

Das ist keine Bestrafung - es ist ein spirituelles Gesetz und es kann vorkommen, daß die Ernte auch auf mehrere Leben verteilt wird. Um Dir diese Vorstellung zu erleichtern, stell Dir das Reifen einer Seele wie das Altern eines Menschen vor. Wie der Mensch ist also auch die Seele am Anfang klein und unerfahren. Sie wächst parallel mit ihren Erfahrungen. Nur reicht, an der Zeit gemessen, hier ein Menschenleben bei weitem nicht aus. Am Ende der Entwicklung einer Seele steht immer das spirituelle Bewußtsein. Junge Seelen äußern sich sehr oft in der Inkarnation in geistig behinderten Menschen. Diese kennen und erleben in der ersten Phase ihres Wachsens die Unwägbarkeiten unseres gegenwärtigen Lebens noch nicht. Sie sind zu rein für unsere Welt, noch zu sehr mit Gott verbunden.

Auch in der wissenschaftlichen Lehre der Genetik wird von Vererbung einer Krankheit oder einer Behinderung oder einer Tendenz zu einem von beiden gesprochen. Durch unbewußte Erinnerungen und Muster aus vergangenen Leben inkarnierst Du und suchst Dir dabei Deine Umgebung, die Menschen, die Dir in diesem Leben begegnen werden und Deine Eltern aus, um notwendige Erfahrungen machen zu können, die Deine Seele für ihr Wachstum braucht.
Nicht Eltern suchen sich ihre Kinder aus, sondern Kinder ihre Eltern.

Solltest Du Kinder haben, denke bitte daran, daß Dir Deine Kinder nicht gehören. Sie sind Dir lediglich Wegbegleiter für ein Stück Deines Lebens und sie wollen nichts anderes, als ihre Lektionen bei Dir und mit Dir lernen.

Egal, wie gut oder schlecht aus Sicht der materiellen Welt Deine Voraussetzungen sind, die Dich begleitenden Kinder wollten Dich.
Ich kenne viele Menschen, die sich von ihren Kinder nicht abnabeln können, da sie ihre Kinder als ihr Eigentum ansehen. Schwierigkeiten für beide Teile sind die Folge.

Du kannst das, was Du in diesem Leben lebst, erfährst, erleidest oder was Dich froh und glücklich macht, praktisch die gesamte Gefühlspalette, als ein Theaterstück betrachten. In dieser Inszenierung spielst Du nicht nur die Hauptrolle, sondern hast auch noch das Drehbuch geschrieben und führst Regie. Es ist allein Dein Stück.
Und es ist immer ein Monolog. Nur Deine Gedanken erzeugen die Bilder und erschaffen Dinge um Dich.

Oft wird Gott dafür verantwortlich gemacht, daß ein Mensch eine Krankheit oder eine Behinderung erbt. Wenn nicht von Gott, dann wird häufig vom Schicksal oder vom Pech gesprochen. Allein der Glaube an die Reinkarnationslehre unterstützt Dich darin, Verantwortung für Deine Situation zu übernehmen.

Das brauchst Du nicht mit einem Gefühl der Schuld zu tun, sondern eher mit der Entschlossenheit, die Lektion - worin sie auch immer bestehen möge - zu lernen.

Ein starkes Anliegen ist mir, Dich davor zu warnen, daß Du nicht das Karma einer anderen Person mitzutragen brauchst. Manche Menschen werden von Ängsten, Sorgen und Schmerzen erfüllt, wenn sie von der Krankheit oder dem Unglück anderer hören. Sie leiden dann mit dem betreffenden Menschen mit und werden schließlich selbst krank oder machen sich dessen Lektion zur eigenen. Sie haben einen Landeplatz für Leid und Schmerz.

Das bedeutet aber nicht, daß Du kein Mitgefühl haben oder gar Hilfe verweigern sollst. Mitfühlen - ja, mitleiden - nein.

Eine mir bekannte Frau kam eines Tages weinend und in Tränen aufgelöst zu mir. Als ich sie fragte, was denn passiert sei, antwortete sie mir, daß sie von ihrem Ehemann brutal zusammengeschlagen worden sei. Ich konnte die Verletzungen an ihrem Gesicht und Körper deutlich erkennen.

Sie erwartete von mir, daß ich Mitleid zeigte und war um so mehr erstaunt, daß ich das nicht tat. Du könntest sagen: "Körperliche Gewalt, ist das nicht schrecklich und verabscheuend?"

Ich gebe Dir nur bedingt recht. Es ist weder schlecht noch gut, es ist einfach so. Laß es vorbei gehen, halte es nicht durch Gefühle auf. Es ist genau gleich zu sagen: "ist das nicht schrecklich", wenn Du erfährst, daß ein Dir nahestehender Mensch mißhandelt wird, wie zu sagen: "dieser Mensch ist ein Dummkopf."

Meine Antwort an diese Frau war, daß ich ihr sagte:

"Warum weinen Sie und beschweren sich, Sie haben es sich doch gefallen lassen?! Sie haben es so gewollt!" Das soll nicht bedeuten, daß ich Gewalt toleriere. Gewalt gehört genauso zu Deinem Leben, wie die Liebe. Die Natur, bezogen auf Dein Bewußtsein, ist ständig um Ausgleich bestrebt.

Aber bleiben wir noch beim Karma und untersuchen anhand von Fallbeispielen die drei Hauptkategorien der Ursachen.

Eine Frau verliert in diesem Leben zwei Männer durch frühzeitigen Tod.

Die Betreffende verletzte oder tötete vielleicht jemanden in einem früheren Leben und leidet nun in diesem Leben auf eine Art, die dann im direkten Zusammenhang steht und dazu dient, das frühere Fehlverhalten zu verdeutlichen.

Ein Mann hat das zwingende Bedürfnis, immer mit jemanden zusammen zu sein.

Hier liegt das Problem anscheinend in einer unbewußten Erinnerung. In mehreren vergangenen Leben lebte dieser Mann allein.

Beziehungsprobleme zwischen Partnern, Eltern und Kindern.

Schon in früheren Leben wurden diese Probleme nicht gelöst und müssen daher wieder neu, mit denselben Personen, verarbeitet werden. Ein Mann erzählte mir folgende Geschichte:

Er hatte über fast zwanzig Jahre lang ständig Verletzungen am Kopf. Es begann bereits in der frühen Kindheit.
Ob bei seinen ersten Gehversuchen, beim Radfahren oder später dann auf dem Motorrad, immer wenn er fiel, verletzte er sich am Kopf. Er hatte große Angst, denn die Verletzungen wurden von Fall zu Fall immer ärger und er befürchtete, daß beim nächsten Unfall der Tod eintreten könnte.
Vor dem letzten Ereignis dieser Art hatte er einen Traum, der sich immer wiederholte. Er sah seine Mutter, die im 18. Jahrhundert in Florida lebte, auf einem Gut im heutigen Fort Myers.
Jeden Sonntag fuhr sie mit ihrer Kutsche spazieren. Die Fahrt endete stets an einem Flußlauf, wo sie eine Kleinigkeit zu sich nehmen wollte. Doch jedes Mal, wenn sie am Ziel der Fahrt angelangt war,

sah sie eine männliche Person am Ufer, die schnellen Schrittes davonlief.

Und sie sah eine weitere Gestalt, reglos und mit einer blutenden Kopfwunde, am Boden liegen. Den Flüchtenden konnte sie, so sehr sie sich auch anstrengte, nicht erkennen. Dieser Traum verfolgte ihn auch noch nach seinem letzten Unfall. Er glaubte, daß das traumatische Erlebnis etwas mit seiner Mutter zu tun haben könnte.

Mit Hilfe einer Meditation gelang es ihm schließlich, den Traum zu deuten. In der Meditation lief alles genauso ab, wie in seinem Traum, nur mit einem entscheidenden Unterschied.

Die flüchtende Person, die er und seine Mutter im Traum nicht erkennen konnten, und die der Mörder des Menschen war, den seine Mutter am Ufer blutüberströmt vorfand, zeigte sein Gesicht.

Es war sein eigenes, er war der Mörder.

Er begriff, daß seine Kopfverletzungen karmisch waren und er mit der Schuld leben muß.

Wenn er sein schweres Kreuz mit Fröhlichkeit und Charakterstärke erträgt und mit Erfolg seine Lektion lernt, kann er sein Karma abtragen und er wird dann in einem späteren Leben die Harmonie und das Wohlbefinden erfahren, das unser Schöpfer für alle seine Seelen vorgesehen hat.

Vom Wollen und Loslassen

Nicht immer haben Krankheiten ihre Ursache im Karma, dem Gesetz der Lektionen. Häufig entstehen die Ursachen für Krankheit und Schmerz erst in Deinem jetzigen Leben, durch Deine Gedanken.

Gedanken sind die stärkste Kraft, die es im Universum gibt. Das Universum und alles, was in ihm ist, ist das Produkt eines Gedankens. Jeder von uns, also auch Du, ist die Manifestation seines Denkens, d.h., da? was und wie Du bist und das, was um Dich geschieht, inklusive der Umwelt, ist allein Deine Welt - die Welt Deiner Gedanken.

Deine Gedankenwelt ist Dir nicht immer bewußt, doch Du kannst lernen, sie Dir bewußt zu machen. Die Frage drängt sich auf, wenn alles was ist das Produkt meiner Gedanken sein soll, warum bin ich dann nicht reich, gesund oder lebe glücklich und zufrieden?

Darauf gibt eine ganz einfache Antwort. Du mußt wollen und loslassen.

Allein durch die Vorstellung: "Ich denke jetzt, ich werde reich und glücklich," geschieht gar nichts. Wie viele Bücher sind schon über das sogenannte "positive Denken" geschrieben worden. Was wurde dort nicht alles versprochen. Diese "Rezepte" für Wohlstand und Glück funktionieren beim Leser in der Regel nicht, denn dort wird nicht nach der Ursache, nach dem "Warum" gefragt - nein, wirklich reich geworden sind die Autoren.

Solche Vorstellungen funktionieren auch deshalb nicht, weil ein wesentliches Faktum vergessen wurde: das Loslassen.

Ich erhebe damit nicht den Anspruch, den "Stein der Weisen" gefunden zu haben, sondern ich berufe mich lediglich auf eigens gemachte und mir berichtete Erfahrungen. Ich möchte auch niemanden kritisieren. Vielleicht wurden diese Bücher in guter Absicht geschrieben, da die Schreibenden Erfolgserlebnisse hatten und unbewußt das Richtige taten.

In Deinem Leben wirst Du noch vor vielen Situationen und Entscheidungen stehen, die Dein Wollen und Loslassen fordern.

Ich kenne viele Ehepaare, die alles haben. Ein gutes Einkommen, einen Beruf der sie ausfüllt, Freunde, Bekannte, sie bereisen die Welt, und doch fehlt ihnen zum perfekten Glück noch etwas - ein Kind. Der Wunsch, das Wollen ist so stark, daß sie sehr viele Strapazen, wie ärztliche Untersuchungen oder Operationen, in Kauf nehmen, um sich diesen letzten Wunsch zu erfüllen. Obwohl alle Voraussetzungen stimmen, sie gesund und der Mann zeugungsfähig ist, die Frau auch empfangen kann, klappt es nicht. Selbst die künstliche Befruchtung führt dann meist nicht zu dem erwünschten Ergebnis. Frauen riskieren zuweil ihr Leben, denn diese Eingriffe sind nicht ohne Risiko und nicht selten kommt es vor, daß gefährliche Entzündungen in den Eierstöcken oder eine Anschwellung des Eileiters zur inneren Vergiftung führt.

Die Alternative, eine Adoption eines Kindes, kam für Sonja K. nicht in Frage.

Für Sonja und ihren Mann gab es nur einen Weg. Sie ließ bis zu fünfzehn schwerere Eingriffe über sich ergehen. Nachdem sie fünf Fehlgeburten erleben mußte, entkam sie bei ihrer letzten Operation knapp dem Tod. Die Visite nach der Operation durch den diensthabenden Arzt wurde sehr oberflächlich durchgeführt und so bemerkte er nicht, daß der Bauch der Patientin verhärtet und angeschwollen war. Die Folgen wären fatal gewesen, denn einsetzende Nachblutungen drohten Sonja zu vergiften. Eine Krankenschwester stieß beim Aufschütteln der Bettwäsche an ihren harten Bauch. Nur dieser Umstand rettete Sonja das Leben.

Mehrere Gründe würde ich anführen, warum Sonja K. kein Kind bekommen kann:

    a.) Auf Grund ihres Karmas hat sie in diesem Leben eine Lektion zu lernen.
    b.) Negative Gedanken blockieren Sonja K.

c.) Der unbedingte Kinderwunsch.
d.) Die Zeit ist noch nicht gekommen.
e.) Eine Kind-Seele ist nicht bereit für Sonja.

Vielleicht hat Sonja in einem vergangenen Leben eine karmische Schuld begangen und muß deshalb jetzt dafür das Leid und den Schmerz ertragen.

Nachdem schon so viele Versuche fehlschlugen, glaubt sie nicht mehr an den Erfolg der Befruchtung, und negative Gedanken, wie der Haß gegen ihren eigenen Körper, nehmen zu viel Platz in ihrem Bewußtsein ein. Sie will unbedingt das Kind, koste es was es wolle. Alles in ihrem Tagesablauf ist darauf eingerichtet. Einem inneren Zwang folgend beherrschen die Gedanken, gepaart mit der Angst des Versagens, ihr Leben.

Sie muß vielleicht erst noch lernen, sich als Frau anzunehmen, ihre weibliche Seite auszuleben. Von Kindheit an wurde Sonja wie ein Junge erzogen. Ihre Eltern wünschten sich unbedingt einen Sohn, der die Nachfolge des landwirtschaftlichen Betriebes übernehmen sollte. Eine neue Seele, die an Sonja lernen soll, ist noch nicht bereit, oder Sonja hat ihre Entwicklung zur Aufnahme der Seele noch nicht abgeschlossen. Diese Umstände wollten es, daß weiterer Nachwuchs ausblieb.

Wenn Sonja in der Lage sein wird, ihren Körper und ihre Weiblichkeit anzunehmen, sind die Chancen sehr groß, daß sie ihren Kinderwunsch erfüllt bekommt, sich eine neue Seele in ihr manifestieren kann. Das unbedingte Wollen allein reicht nicht aus, denn sonst treten Verkrampfungen auf, die Blockaden hervorrufen. Die Seele, die sich in Sonja manifestieren will, wird aber erst ihren Weg finden, wenn diese Blockaden beseitigt sind.

Zahlreiche Beispiele sprechen für diese These.

Ich kenne Paare, die dann das ersehnte Kind bekamen, als sie schon nicht mehr daran glaubten, sich damit abgefunden hatten, daß ein Kind ihr Leben bereichern wird.

Ein anderes Paar wünschte sich ebenfalls unbedingt ein Kind, da, wie sie meinten, zu einer guten Ehe ein Kind dazugehört. Sie unternahmen ähnliche Anstrengungen wie Sonja. Doch auch hier blieb zunächst der Erfolg aus. Nach einiger Zeit trennten sie sich und die Frau lernte einen anderen Mann kennen. An Verhütung wurde nicht gedacht, denn es konnte ja nichts passieren. Doch es vergingen kaum zwei Monate und die Frau wurde schwanger. Sie hatte einfach in der neuen Beziehung nicht den Kinderwunsch in den Vordergrund gestellt. Sie hatte losgelassen. Das Annehmen der Tatsache und das damit verbundene Loslassen haben die Verkrampfungen gelöst und eine Manifestation der Seele konnte stattfinden.

Gerade bei der Problematik des Nachwuchses wird deutlich, was es heißt, loszulassen. So, wie in den vorangegangenen Beispielen durch Loslassen der gewünschte Erfolg eintrat, kannst Du das auf alle Bereiche Deines Lebens anwenden. Sage Dir:
"Ich will, aber wenn nicht, dann ist das auch nicht schlimm und die Welt geht deshalb nicht unter."
Oder - "Ich will, aber dein Wille geschehe."

Du solltest immer die Gesetze der Natur respektieren und nicht versuchen, ihr Deinen Willen aufzuzwingen, denn die Natur allein weiß, was gut für Dich ist.

Die moderne Wissenschaft, und hier ganz besonders die Schulmedizin, mißachtet dieses Gesetz in zunehmendem Maße und vergißt oft Ethik und Moral.
Wenn Du jeden Menschen, der Dir in diesem Leben begegnet und noch begegnen wird, als eine Seele betrachtest, Dir diese Seele als eine bunte, spielende Seifenblase, die ein Spiel spielen will, vorstellst, wirst Du feststellen und vielleicht das erste Mal spüren, was die kosmische, wertneutrale Liebe ist.

Eine Seifenblase ist so leicht zu zerstören. Hältst Du dieses zerbrechliche Ding in Deiner Hand und läßt es nicht los, drückst vielleicht noch zu, dann wird sie zerplatzen. Bist Du aber ganz behutsam zu ihr und erfreust Dich an ihrem Spiel oder ihrem Tanz auf einer Hand, erfährst Du wahre Liebe.

Loslassen ist demnach auch Liebe. Wir unterscheiden uns vom Tier nicht durch die Intelligenz, sondern durch den freien Willen. Der freie Wille, das Wollen, befähigt uns, bewußt zu handeln. Gleichzeitig haben wir damit aber auch eine Verantwortung übernommen, nämlich Dir, mir und allen Menschen den freien Willen zu lassen - los zu lassen.

Alles das, was mit Dir geschieht, hast Du Dir auf Grund Deines freien Willens, den Du bei Deiner kosmischen Geburt mitbekommen hast, ausgesucht.

So wie Du vielleicht leiden wolltest, wollen auch andere in ihrem freien Willen das. Niemand darf und kann Dir seinen Willen aufzwingen, denn Du bist einzigartig, Dich gibt es nicht zweimal. Für Dich existiert nur Dein eigener Wille.

Der Lebensplan und die Formel der Schöpfung

Obwohl Du den freien Willen besitzt, zu tun was Du möchtest, gibt es einen Entwurf für Dein Leben, den Du Dir ausgesucht hast, um das Wachstum Deiner Seele zu fördern und Dir die Lektionen beizubringen, die Du zur Weiterentwicklung brauchst.
Ich nenne es Deinen Lebensplan, geschaffen von einer unbegrenzten Intelligenz. Im Universum gibt es eine offensichtliche Ordnung, deren komplizierte Schönheit wir schätzen sollten.
Wir verehren den Schöpfergeist als göttlichen Mathematiker, Musiker und Architekten. Sogar Wissenschaftler, die sich für Atheisten halten, müssen zugeben, daß dem Entwurf des Universums diese unbegrenzte und meisterhafte Intelligenz innewohnt. Den Menschen mag es gelingen, die Natur für einen sehr kleinen Bereich zu verbessern. Meistens führen diese Verbesserungen allerdings mit der Zeit zu unerwarteten Nebenwirkungen, da sie einen Eingriff in den Lebensplan, ins Gesetz der Natur und in ein zusammenhängendes Gesamtkunstwerk, bedeuten. Dieses Gesamtkunstwerk wird von vielen Menschen "Gott" genannt.
Der wohl bekannteste amerikanische Seher, Edgar Cayce, drückte es in einer grundsätzlichen Lehre aus:
"Der Geist ist das Leben. Der Geist ist Erbauer, das Materielle das Resultat."
Woher kommt die Welt und ihre Ordnung, warum bist Du geboren und mußt sterben, was bestimmt das Schicksal des Einzelnen und der Menschheit, wie erklärt sich das sittliche Bewußtsein und das Vorhandensein ethischer Normen? Was ist der Sinn Deines Lebens, was der Sinn des Lebens aller Lebewesen überhaupt? Eine Antwort auf diese Frage wissen, heißt religiös sein.
Gibt es dafür eine Formel, mit der sich alles erklären läßt? Die moderne Wissenschaft jedenfalls sucht ständig nach dieser Formel.
Vielleicht ist die Schöpfung auch nur komplementär aussprechbar. Je mehr die Physiker in die Materie eindrangen, um so unanschaulicher

wurde diese, um so mehr wurde die Sprache unzulänglich. Und je mehr sie an die Grenzen des Universums vorstießen, um so mehr wurde auch hier alles unvorstellbar und nur noch mit den Hilfsmitteln abstrakter Formeln aussagbar.

Werner Heisenberg sagte:

"Es gelingt uns zwar schließlich, diese Welt zu verstehen, indem wir die Ordnungsstrukturen in mathematischen Formeln darstellen; aber wenn wir über sie sprechen wollen, müssen wir uns mit Bildern und Gleichnissen begnügen, fast wie in der religiösen Sprache."

Die Frage nach dem Lebensplan und der Schöpfung ist nicht nur die Frage nach einem Anfangsereignis (Ur-Knall Theorie), sondern nach der grundlegenden Beziehung von Welt und Gott überhaupt.

Alle Handbücher der Astrophysik geben auf das Woher, von woher, keine Antwort. Sie beginnen, wenn man so will, mit dem zweiten Schöpfungstag. Auf die letzte Frage - was existierte vor dem Ur-Knall - bleiben alle Wissenschaftler stumm. Wir hören dann oft die lakonische Antwort:

"Sie sei unbeantwortbar, so zu fragen sei unsinnig."

Müßte hier der Naturwissenschaftler nicht als Wissenschaftler, sondern als vernünftiger Mensch weiterdenken und, wie Heisenberg sagte, es auch auszusprechen wagen?

"Wenn jemand aus der unbezweifelbaren Tatsache, daß die Welt existiert, auf eine Ursache dieser Existenz schließen will, dann widerspricht diese Annahme unserer wissenschaftlichen Erkenntnis in keinem einzigen Punkt.

Kein Wissenschaftler verfügt auch nur über ein einziges Argument oder irgendein Faktum, mit dem er einer solchen Annahme widersprechen könnte. Auch dann nicht, wenn es sich dabei um eine Ursache handelt, die - wie sollte es anders sein - offensichtlich außerhalb unserer dreidimensionalen Welt zu suchen ist."

Du siehst, selbst Heisenberg räumte ein, daß etwas, das außerhalb unserer Vorstellungskraft existiert, uns erschaffen hat. Mit uns meine ich die „Welt", so wie wir sie kennen und bewußt erfahren.

Dieses „Etwas" können wir vielleicht in einer anderen Bewußtseinsebene wiederfinden und somit zumindest Teilantworten auf die Fragen, woher kommen wir und wohin gehen wir, bekommen.

Wenn ich also von der Schöpfung und unserem Sein als Einheit spreche und Du dieses mit mir teilen kannst, dann kann kein Wissenschaftler diese Theorie widerlegen, denn wie schon Heisenberg richtig erkannt hat, liegt sie außerhalb unseres dreidimensionalen Verständnisses.

Bezeichnend ist, daß gerade so geniale Köpfe wie Einstein, Heisenberg, Wernher von Braun, Max Planck oder Erwin Schrödinger, letzterem gelang der große theoretische Durchbruch in der Quantenphysik, meist am Ende ihres Lebens zu der Gotterkenntnis gelangten, der Erkenntnis, die Du in den vergangenen Abschnitten wiederfinden konntest.

Der Glaube an Gott hat nicht nur mit der menschlichen Existenz und Geschichtlichkeit zu tun, sondern auch mit dem Kosmos und seiner Genesis.

Der Geist heilt

Die zur Zeit wohl angefeindetste Methode, Menschen zu heilen, ist die der Geistheilung. Von der Schulmedizin wird sie, bis auf wenige Ausnahmen, in der westlichen Welt weitestgehend abgelehnt. Obwohl sie eine weitaus längere Tradition als alle ihr nachfolgenden Methoden hat. Die Bibel und die Mythen sind voll davon, doch erfährt die Geistheilung nicht den Stellenwert, der ihr zusteht. "Geistheilung" mag auch etwas irreführen für das, was tatsächlich geschieht.

Unter Geistheilung verstehe ich nicht den Medizinmann/frau, der mit Hilfe seiner oder ihrer besonderen Fähigkeiten Menschen von ihren Leiden befreit, nein, unter Geistheilung verstehe ich den Prozeß und die Wechselbeziehung zwischen Ursache und Wirkung von Blockaden in der Seele sowie das Erkennen der Ursachen durch den "Heiler" und dessen Gabe, Lösungen zur Beseitigung der Blockaden anzubieten.

Geistheilung setzt eine ganzheitliche Betrachtung des Menschen als Teil der kosmischen Ordnung voraus und das Wissen über die Einheit, egal ob durch Studien, durch Intuition, Religion oder Weltanschauung. Geistheilung bedeutet Verantwortung und das Einsetzen der unendlichen, wertneutralen und kosmischen Liebe für den Erkrankten oder Hilfsbedürftigen.

Ein "Geistheiler" kannst auch Du werden, wenn Du lernst, die Verfahren anzuwenden, Dich auf die göttliche Kraft einzustimmen und es so dem Körper des Kranken zu ermöglichen, sich **selbst** zu heilen. Denn nicht der Heiler heilt, nur der Patient findet mit der Hilfe des Heilers den Weg, die Ursache seiner Krankheit zu beseitigen, sie anzunehmen und loszulassen. Der Heiler ist hier Kanal für die göttliche Energie, damit sie ungehindert fließen kann.

Leider tummeln sich auf der Spielwiese der Grenzwissenschaft allerlei Scharlatane und selbsternannte Gurus, die nur eines im Sinn haben, hilflose Wesen ohne Rücksicht auf ihren Seelenzustand gnadenlos, verzeih bitte meine Derbheit, abzuzocken.

Wie kannst Du nun die wahren von den falschen Geistheilern unterscheiden? Das ist nicht so einfach, denn sie laufen nicht mit einem Schild um den Hals herum, und sie verstecken ihre Absichten auch geschickt unter dem Deckmantel vollbrachter Wunder oder Heilversprechen.

Glaube oder vertraue niemanden, der Dir Heilung verspricht. Ein Heilversprechen kann schon deshalb nicht gegeben werden, weil nur der Patient allein für das Gelingen des Prozesses, der Heilung, verantwortlich ist.

Oft erscheint die Geistheilung wie ein Wunder, da sie sich weder mit dem Denken der meisten Menschen, noch mit den heute allgemein gültigen Naturgesetzen vereinbaren läßt. Vor allem verwirrt sie die Schulmediziner der westlichen Welt gehörig. Obwohl es hunderte, ja tausende Beweise für die Berechtigung dieser Methode des Heilens gibt, wehren sich die "Götter in Weiß" vehement dagegen und müssen, ob sie wollen oder nicht, zugeben, daß eine Heilung stattgefunden hat, nur wissen sie nicht, wie es dazu kommt. Das Paradoxe daran ist, daß selbst dann, wenn ihnen der Beweis vor Augen geführt wird, sie ihn nicht sehen wollen und sich dabei oft in dubiose Erklärungsversuche stürzen.

"Es kann nicht sein, was nicht sein darf." Mich erinnert diese Haltung an die "Heilige Inquisition" im tiefsten Mittelalter, als noch Menschen wegen ihres anderen Glaubens oder ihres Weltbildes verfolgt und gerichtet wurden.

Verstehe mich bitte nicht falsch, wir brauchen die Schulmedizin. Ihre Entwicklung und ihre Leistungen sind bewundernswert und aus unserem Leben nicht mehr wegzudenken. Ich habe auch kein gespaltenes Verhältnis zu ihr. Sie hat mir schon zweimal das Leben gerettet und dafür bin ich dankbar. Aber sie muß sich Kritik gefallen lassen, sich lösen von längst überholten Denkmustern und beginnen, den Patienten als Ganzheit zu sehen. Mir und Dir und vielen Menschen sind zahlreiche Fälle von medizinischen Kunstfehlern, von vergeblichen Operationen oder Heilversuchen mit tödlichem Ausgang, bekannt. Deshalb kommt es aber niemanden in den Sinn, die Schulmedizin anzuzweifeln, sie gar in Frage zu stellen. Sie aber tut dies mit der Geistheilung.

Mit welcher Arroganz nimmt sie sich das Recht heraus, ihre Wahrheit als die einzige Wahrheit zu definieren? Haben nicht beide Seiten recht?

An einem einfachen Beispiel will ich versuchen, Dir das zu beschreiben.

In einem Zimmer, irgendwo in Deutschland, befinden sich zwei Radioempfänger von gleicher Bauart und Form. In diesem Raum sind unsichtbar alle Bereiche, von Ultrakurzwelle, Mittelwelle bis Langwelle, vorhanden. Beide Geräte sind voll funktionstüchtig und mit einer Antenne ausgestattet. Und doch gibt es einen kleinen Unterschied. Ein Radio kann nur den Bereich der Ultrakurzwelle (UKW) empfangen und das andere nur Mittelwelle (MW). Schalte ich jetzt beide ein und suche die gesamte Bandbreite des ersten Gerätes ab, höre ich zum Beispiel ein Rockkonzert, ein Hörspiel und eine Nachrichtensendung. Die Bandbreite des zweiten Gerätes erlaubt es, eine Sportsendung, eine Oper und ein Interview zu empfangen. So weit - so gut. Nun lassen wir einmal den Gedanken zu, die Radios könnten sprechen und würden sich über das eben Gehörte unterhalten. Wie könnte das Gespräch verlaufen?

Das erste Radio schwärmt von dem tollen Rockkonzert, dem spannenden Hörspiel und den neuesten Nachrichten. "Das kann nicht sein," entgegnet das zweite Radio. „Ich habe ein Fußballspiel, Aida und ein interessantes Interview empfangen."... Ein Dialog wird entbrennen, der bis zum Streit ausarten kann.

Obwohl beide von der Bauart gleich, und gerade weil sie nur gleich, ähnlich sind, und jeder von ihnen recht hat, können sie sich nicht verstehen, weil sie in ihrer eigenen "Welt" leben und für die Welt des anderen kein Bewußtsein besitzen.

So wie der Arzt das Recht hat, Wahrheit für sich in Anspruch zu nehmen, sollte er es auch dem Geistheiler zugestehen.

Beide, Arzt und Heiler, leben im gleichen Raum, aber in einer anderen Welt. Es sollte ihm bewußt sein, daß es mehr als seine begrenzte Realität gibt und den anderen Horizont des anderen anerkennen und nicht nach Beweisen verlangen, die niemals zu erbringen sind.

Das Alte Testament enthält viele Beispiele für Geistheilungen und Jesus war wahrscheinlich der größte Geistheiler aller Zeiten. Er verbrachte einen Großteil seines Lebens damit, Kranke zu heilen. Anscheinend tat er das, um die Liebe Gottes für alle seine Kinder und die Macht Gottes über alles Leben zu demonstrieren und um selbst der lebende Beweis für alles, was er lehrte, zu sein.

Die Methode Jesu war das Heilen, seine Botschaft bedingungslose Liebe; seine Heilungen zeigten und verdeutlichten diese Liebe auf wunderbare Weise.

Jeder, der mir vertraut, wird auch die Taten vollbringen, die ich tue. Ja, seine Taten werden meine noch übertreffen, denn ich gehe zum Vater. Dann werde ich alles tun, worum ihr bittet, wenn ihr euch dabei auf mich beruft. (*Johannes 14,12 - 13*).

Nicht alle Länder der westlichen Welt grenzen Geistheilung aus und bezeichnen sie als Schwarze Magie und als Scharlatanerie.
In Großbritannien ist Geistheilung weitgehend anerkannt und verbreitet.

Bei der "National Federation of Spiritual Healers" sind mehr als 5.000 anerkannte Heiler gemeldet. Sie haben Zugang zu über 1.500 Krankenhäusern und die meisten britischen Ärzte arbeiten mit diesen Heilern zusammen, wenn ihre Patienten sie darum bitten.
Bekannte Zentren für Geistheilung sind das "**Harry Edwards Spiritual Healing Sanctuary**" in Burrows Lea, Shere, Surrey; die "**White**

Eagle Lodge" in Liss, Hampshire, und die **"Spiritualist Association of Great Britain"** in 33 Belgrave Square, London.

Geistheilung beschränkt sich nicht allein auf die Beseitigung körperlicher Beschwerden und Leiden eines Menschen, sondern sie kann ganzheitlich auf alle Bereiche des Lebens angewandt werden. Immer mehr Schulmediziner müssen erkennen, daß die Ursache für Krankheit nicht ursprünglich im Körper zu suchen ist und daher selten durch rein körperliche Eingriffe auf Dauer beseitigt werden kann. Eventuelle Blockaden können schon vor Ausbruch der Krankheit bestehen, während körperliche Beschwerden nur der letzte Hilferuf, eine Aufforderung sind, wieder mitzuschwingen im Tanz der Energiestrukturen und im Einklang mit der Natur zu sein.

Auch geistige, emotionale oder spirituelle Konflikte schwächen das Immunsystem, dadurch gelingt es den Bakterien, Viren oder krankhaft veränderten Zellen, sich zu vermehren.

Eine Krankheit kann nur dann dauerhaft geheilt werden, wenn ihre Ursache aufgedeckt und beseitigt wird.
Der ganze Mensch besteht aus Körper, Verstand, Gefühlen und Geist, die untrennbar miteinander verbunden sind. Ist ein Bereich gestört, erkrankt der Mensch.

Gott hat uns aus Liebe erschaffen, seine Liebe führt uns. Wo Du in Deinem Leben eigene Hindernisse errichtest, schafft Gottes Liebe den Weg, damit Du daraus lernst und die Hindernisse überwindest.

Du lebst, und wo Leben ist, ist Hoffnung, wo Hoffnung ist, hast Du eine Chance, die besser von Liebe als von Haß regiert wird.
Vergeben heißt lieben, Vergebung heilt, sie bringt Veränderung, und Dich weiter in der Entwicklung Deines spirituellen Bewußtseins.

Gedanken über die Liebe

Die Liebe - darüber sind nun alle Gelehrten einig - ist eine der couragiösesten Eigenschaften des menschlichen Herzens, die Bastionen von Rang und Stand schmettert sie mit einem Feuerblicke danieder, die Welt ist ihr zu eng und die Ewigkeit zu kurz. Ja, sie ist eigentlich ein Poetenmantel, den jeder Phantast einmal in der kalten Welt umnimmt, um nach Arkadien auszuwandern.
Eichendorff (2, 22f.), Aus dem Leben eines Taugenichts:

... auf jeden Fall ist das Göttliche die Leidenschaft, die das Menschliche verzehrt. Liebe spricht nichts für sich aus, als daß sie in Harmonie versunken ist; Liebe ist flüssig, sie verfliegt in ihrem eigenen Element; Harmonie ist ihr Element.
B. v. Arnim (3, 91f.), An Goethe, 11.11.1807:

... Die Liebe ist das höchste, das unterirdischste der Gefühle. Ein fremdes Ich dringt in das deine ein: Du hast an Ausdehnung gewonnen und bist in deinem Gleichgewicht gestört; dein Fleisch irgendwohin entrückt, dein Ich ertötet.
Turgenjew (2, 94), Die Liebe

... Wahrhaftig, die Liebe ist etwas Wundervolles! Kostbarer ist sie als Smaragde und teurer als feine Opale, Perlen und Granaten können sie nicht kaufen, und auf den Märkten wird sie nicht feilgeboten.
Wilde (4, 32), Die Nachtigall und die Rose

Dies und vieles mehr wurde schon über und von der Liebe geschrieben und gesungen. Das Wort Liebe ist wahrscheinlich in vielen Sprachen das meistverwendete Wort. Dichter und Denker zerbrachen und zerbrechen sich den Kopf, zu definieren, was wahrhaftige Liebe beinhaltet. Zusammengefügte Buchstaben und Sätze können sie nicht erfassen. Die Leidenschaft, der Schmerz, die Schönheit, der Glanz, die Güte, die Demut, das Mitgefühl, die Toleranz, das ewig Weibliche, die Dankbarkeit, Entzückung, Verlockung, Fröhlichkeit, Mut, Angst und Verzweiflung, der Donnerschlag, Sturm und Wasserfall, Natur und Universum sind in ihr und doch nur einen Augenblick lang. Liebe ist in uns, um uns und überall.

Wir sind Kinder der Liebe, in ihr geboren, um Liebe zu erfahren. Freiheit zu erlangen, um grenzenlos zu werden.

Jürgen Augst (89, 5.), Das Geheimnis der Einheit

Polarität

Plus und Minus, die in der Mathematik bekanntesten Grundrechenarten, treffen wir in unserem Dasein hier auf Erden nicht nur beim Lösen von Rechenaufgaben an, sie sind Integrität unseres Bewußtseins. In unserem Bewußtsein, und hier besonders im „Ich-Bewußtsein", finden wir dieses „Auf" und „Ab" oder „Plus" und „Minus" in unseren Entscheidungen wieder. Warum passiert das?

Bei der Geburt Deiner Seele wurde ihr diese Polarität mit eingepflanzt, damit sie lernen kann, das Spiel des Lebens zu spielen, Erfahrungen zu sammeln, um zu der Erkenntnis zu kommen, was spirituelles Bewußtsein ist.

Spirituelles Bewußtsein heißt, die Dinge als Ganzheit zu begreifen.

Was ist nun dieses "Eine"? Am Anfang der Schöpfung begann die "Eine" Kraft sich in sich selbst auf zwei Weisen zu manifestieren: als eine Kraft der Anziehung und eine Kraft der Abstoßung. Abwandlungen, wie auf und ab, schwarz und weiß, hell und dunkel, männlich und weiblich, unterliegen dem Prinzip der Gegensätze. Dieses Motiv findest Du in Darstellungen der Schöpfung in allen Religionen wieder. Die Schöpfung beginnt mit der Teilung des Einen in zwei. Gott teilte Himmel und Erde, Licht und Dunkelheit, erzählt Dir die Bibel. Das große kosmische Ei brach auseinander in Silber und Gold, das Silber wurde zur Erde und das Gold zum Himmel, berichten die indischen Upanishaden. Polare Gegensätze ein und derselben Einheit, zwei Seiten einer Medaille, da beide Seiten vom selben "Einen" erschaffen wurden.

Das Yin-Yang-Symbol ist wahrscheinlich die älteste Darstellung vom schöpferischen Prozeß. Du kannst dieses Symbol betrachten wie das ursprüngliche Eine. Ein Kreis, in zwei kometenförmige Teile geteilt, ein jeder um den anderen gedreht. Eine Notwendigkeit, sich in zwei zu teilen, ist die der Freisetzung von Energie. Die Quelle der Energie ist das Komplementäre der beiden Teile.

Betrachte das Bild. Du wirst einen weißen Kometen vor einem schwarzen Hintergrund oder einen schwarzen Kometen vor einem weißen Hintergrund sehen. Nach einiger Zeit erhältst Du einen Sinneseindruck dieses Energieeffekts. Zuerst wird der schwarze Hintergrund von der weißen Form überschwemmt, nach einer Weile ändert sich das Bild. Du siehst, daß der weiße Hintergrund von der schwarzen Form überschwemmt wird. Ein Hin und Her. Je nach Betrachtungsweise ändert sich der Ausdruck der Kurve, die den Kreis zerschneidet. Dieses Hin und Her der beiden Möglichkeiten, die Kurve zu betrachten, ist die grundlegende Dynamik der Schwingung, eine Oszillation oder Schwingung zwischen entgegengesetzten Perspektiven. Sie bildet die Grundlage der Energie. Auch elektrische Energie manifestiert sich in ähnlicher Form, mit einer Oszillation zwischen positiven und negativen Polen. Aus dieser einen Quelle entstand schöpferische Energie. Die zentrale und universelle Schwingung ist die Schwingung, die vor dem **Ur-Knall** existierte.

Der Weg des Menschen führt über die Auseinandersetzung mit der Polarität zur Überwindung derselben. Alle Erscheinungsformen, die Du vorfindest, offenbaren sich Dir in zwei Polen. Dir ist es unmöglich sich die Einheit außerhalb der Polarität vorzustellen. Die Zahl "Eins" in der Symbolik ist für Dich nicht vorstellbar, solange die Zahl "Zwei" noch nicht erschaffen ist.

Geometrisch betrachtet ist die Zahl Eins ein Punkt - ein Punkt besitzt weder räumliche noch flächige Ausdehnung, sonst wäre er eine Kugel oder eine Scheibe. Der Punkt besitzt keine Dimension. Du kannst diesen Punkt nicht denken, denn jede Vorstellung benötigt eine Dimension.

Dein Bewußtsein gehorcht dieser Polarität.

Es untersteht der Zahl Zwei.

So gibt es Gut oder Böse, Hell oder Dunkel, Dur oder Moll. Wir sind der Meinung, daß diese Gegensätze einander ausschließen, aber gerade hier liegt unser Irrtum. Die Wirklichkeit besteht aus Einheiten, die sich Dir nur polar zeigen.

Du kannst die Einheit als Einheit nicht wahrnehmen. Trotzdem existiert sie, denn die Polarität setzt zwangsweise, wie im Yin-Yang Symbol dargestellt, eine Einheit voraus.

Dein Atem ist die menschlichste Grunderfahrung mit der Polarität. Nirgendwo anders kannst Du besser studieren, was das Gesetz der Polarität bedeutet.

Denn schon **Hermes Trismegistos** schrieb in der zweiten seiner fünfzehn Thesen, in der **Tabula smaragdina,** dem Stammbuch der Esoterik: "Dasjenige, welches unten ist, ist gleich demjenigen, welches oben ist. Und dasjenige, welches oben ist, ist gleich demjenigen, welches unten ist, um zu vollbringen die Wunderwerke eines einzigen Dinges."

Denn wie unten, so oben. Atmest Du ein, so folgt ohne weiteres Dazutun und mit absoluter Gewißheit wieder das Ausatmen. Dieser ständige Wechsel vom Ein- und Ausatmen ergibt einen Rhythmus. Der Rhythmus ist das Grundmuster allen Lebens. Leben besteht demnach aus zwei Polen, einem "sowohl als auch", niemals aber aus einem "entweder-oder". Würdest Du Dich weigern auszuatmen, könntest Du auch nicht mehr einatmen und umgekehrt.

Beseitigst Du einen Pol, so verschwindet der andere Pol. Jeder ist vom anderen extenziell abhängig. Wie bei der Atmung, kannst Du diese Gesetzmäßigkeit selbstverständlich auch auf alle anderen Gebiete anwenden.

Das Gesetz der Polarität im Leben anwenden heißt, das Ziel über den Gegenpol erreichen. Wenn Du einen Speer möglichst weit werfen willst, wirst Du erst nach hinten ausholen. Die Körperhaltung des Speerwerfers, bevor er durch seine Schnellkraft den Speer abwirft, ist, entgegengesetzt der bestimmten Flugbahn des Sportgerätes, leicht nach hinten verlagert. Der Diskuswerfer beschreibt eine Drehbewegung, und doch fliegt die Scheibe geradeaus. Das sind nicht nur die bekannten Gesetzmäßigkeiten der Physik. Diese Betrachtungsweise oder der Erklärungsversuch wäre mir zu oberflächlich und zu einfach.

Erst durch die Unterordnung an das Gesetz der Polarität wirst Du frei. Im tibetanischen Totenbuch steht geschrieben: "Wer nicht das Sterben gelernt hat, kann nicht das Leben lernen." Der Mensch neigt dazu, den direkten Weg zu suchen. Mißerfolge können ihn kaum belehren. Jede Haltung, gegen oder für etwas zu sein, ist eine Fixierung. Mit dieser fixierten Ansicht oder Meinung auf einem bestimmten Gebiet verhindert er die Entwicklung.

Sei ehrlich zu Dir selbst und analysiere Dich, dann wirst Du feststellen, daß Du überwiegend aus solchen Fixierungen bestehst.
Fällt es Dir nicht auch schwer, Deine Meinung oder Deine Ansicht zu ändern?

Die ganze Wahrheit einer Aussage kann niemals von einem Standpunkt definiert werden, sie benötigt immer den Gegenpol. Ein Paradox ist dann also jede Aussage über die Wirklichkeit. Dazu gehört auch die meinige, denn wenn ich den Anspruch auf Wahrheit erhebe, dann muß ich mir gefallen lassen, kritisiert und angezweifelt zu werden. Daraus ergibt sich die Schlußfolgerung, daß es eine eindeutige Aussage über die Wirklichkeit in der menschlichen Sprache nicht geben kann. Es bleiben alles nur Teilwahrheiten. Wir können uns bei allen Bemühungen immer nur der absoluten Wahrheit nähern, sie niemals ganz erkennen. Wirklichkeit erkennen heißt, die Daseinsberechtigung aller Dinge anzuerkennen. So wie Du für den Frieden bist, bist Du gegen den Krieg, bist Du gegen die Krankheit und für die Gesundheit. Begriffe, die Paare sind und eine untrennbare Einheit bilden, die Du nicht zerreißen kannst. Weigerst Du Dich auszuatmen, so kannst Du auch nicht mehr einatmen. Der Friede bedingt den Krieg und die Krankheit die Gesundheit.

Unser großer "Dichterfürst" Goethe läßt seinen Mephisto im Faust sagen: "Ich bin ein Teil von jener Kraft, die stets das Böse will, und stets das Gute schafft."

Eine Überlegung, die keine Legitimation für willkürliches Verhalten sein soll, sondern sie soll Dich lediglich bei der Betrachtung der Manifestationen vor Widerständen bewahren. Ein Mord, der geschehen ist, ist nur ein Teil der Wirklichkeit und er hat sich manifestiert. Er hat auch seinen Sinn und seinen Grund, sonst wäre er nicht geschehen. Es bringt nichts, den Mord nicht zu akzeptieren, denn damit stellst Du Dich gegen die Gesamtordnung, gegen den Kosmos (griechisch: Kosmos = Ordnung). Damit hast Du keinen Freibrief für Mord und andere Verbrechen, aber: Die Tatsachen nicht anzuerkennen ändert nichts an der Wirklichkeit und erzeugt nur Druck und Gegendruck.

Diese Widerstände gegen manifestierte Umstände sind Ursachen für das menschliche Leid. Willst Du vermeiden, Leid auf Dich zu nehmen, dann gib Deine Widerstände gegen etwas auf, was Du nicht ändern kannst und seinen Sinn im Gesetz der Ordnung hat. Nimm es an und lasse es los. Damit erreichst Du viel mehr.

Zufall oder Analogie

Bevor ich mich näher mit dem so häufig und unüberlegt ausgesprochenen Wort, **„Zufall"**, beschäftige, möchte ich Dich noch einmal an die 2. These des Hermes Trismegistos erinnern:
"Dasjenige, welches unten ist, ist gleich demjenigen, welches oben ist. Und dasjenige, welches oben ist, ist gleich demjenigen, welches unten ist, um zu vollbringen die Wunderwerke eines einzigen Dinges."
Überall in diesem Universum ist oben und unten, unten wie oben. Im makrokosmischen und im mikrokosmischen Bereich, auf allen Ebenen der Erscheinungsformen, gelten die gleichen Gesetze. Dabei kannst Du immer nur einen Teil aus einem Kontinuum wahrnehmen. Wir Menschen sehen zum Beispiel nur einen kleinen Teil des phantastischen Lichtspektrums. Farben, die sich Dir rot, grün, blau, gelb oder in lila zeigen, sind für manche Tiere so nicht wahrnehmbar. Sie sehen dafür Farben oder hören Töne, die für Dich ohne Hilfsmittel gar nicht zugänglich wären. Deiner Vorstellungskraft sind ebenfalls Grenzen gesetzt. Sie reicht nicht aus, um einen Virus als eigenständigen Organismus zu sehen, ebenso wirst Du Probleme bekommen, die Dimensionen des Weltalls zu erfassen, wenn da nicht die geniale These Trismegistos, "wie oben, so unten", wäre. Sie hilft Dir, Dein Bewußtsein zu erweitern, indem Du Deine Betrachtungen auf die Bereiche beschränkst, die Du kennst, um dann die daraus gemachten Erfahrungen auf die Dir unzugänglichen Ebenen analog zu übertragen. Wendest Du dieses Analogiedenken an, wirst Du das gesamte Universum begreifen. Die Analogie hat aber nur dann seine Berechtigung, wenn Du bereit bist, das Universum als Ordnung anzuerkennen, da es von Gesetzen beherrscht wird und der Zufall keinen Platz findet. Jeder Kosmos würde in ein Chaos verwandelt werden, wenn der Zufall als ein nicht berechenbares und nicht gesetzmäßiges Geschehen existierte. Würde man bei der Produktion oder dem Bau eines TV-Gerätes, das in sich eine kleine Ordnung darstellt, da es ge-

setzmäßig konstruiert ist, zusätzlich Transistoren, Widerstände oder Schaltkreise, die nicht im Plan des Gerätes, also nicht gesetzmäßig sind, verändern oder installieren, so verwandeln diese eingebauten oder veränderten Vertreter des Zufalls den gesamten Kosmos in ein Chaos. Eine sinnvolle Funktion des Fernsehapparates wäre nicht mehr möglich.

Unsere Welt unterliegt dem gleichen Prinzip der Ordnung und beim ersten zufälligen Ereignis hört sie auf zu existieren. Eine nach oben geworfene Münze wird durch die Anziehungskraft der Erde nach kurzer Zeit gesetzmäßig nach unten fallen. Genauso ist es nicht zufällig, daß Du einen Schnupfen bekommst oder mit Deinem Auto einen Unfall verursachst und dabei vielleicht Dein Unfallgegner verletzt wird.

Im Herbst 1994 wurde ein sechzigjähriger Holländer während einer Vergnügungsfahrt auf der Nordsee seekrank. Leider verlor er dabei seine Zahnprothese. Drei Monate später fing ein Fischer einen Kabeljau, in dessen Inneren sich ein Gebiß befand. Nachdem unser Unglücksrabe die Geschichte im Radio gehört hatte, bekam er seine „Dritten" wieder.

Zufälle scheinen oft bedeutungslos zu sein. Du könntest glauben, daß dies manchmal vielleicht das Werk eines kosmischen Witzboldes sei. In seinem Buch „The Book of the Damned" schrieb der Schriftsteller Charles Fort das erste Mal über den Zusammenhang aller Dinge. Seiner Meinung nach hat jedes Ereignis seine Bedeutung. Bis vor kurzem waren Zufälle kein richtiges Studienobjekt. Doch einige der größten Genies des 20. Jahrhunderts widmeten sich dieser Studien und entwickelten interessante Theorien.

Albert Einstein, Arthur Koestler und Carl Jung waren von „Zufällen" fasziniert. Nach Carl Jung, der den Ausdruck „Synchronizität" prägte, besteht zwischen Zufällen kein kausal, sondern ein Sinnzusammenhang. Der Biologe Paul Kammerer glaubte, daß die Untersuchung der „Serienhaftigkeit" den Verlauf der Menschheitsgeschichte verändert, da sie in Leben, in der Natur und im Kosmos

überall und ständig am Werke sei. Jung und Kammerer unterschieden kaum zwischen wichtigen und unwichtigen Zufällen. Sie erklärten alle für bedeutsam, da unser Leben nicht bloß von Zufällen bestimmt werde, die wir erleben, sondern auch von denen, die älter sind, von unseren Vorfahren, und der gesamten Menschheit widerfahren. Sie kamen zu dem Ergebnis, daß Zufälle vielleicht nicht den Sinn des Lebens erklären können, aber eine Vorstellung von der Vielschichtigkeit der Welt und unserer Stellung in ihr vermitteln können. Carl Jung war der Meinung, wir sollten unser Leben und unseren Glauben der Synchronizität öffnen und wies darauf hin, wie oft uns Zufälle zu Hilfe kommen.
Ein weiteres Beispiel:
Eine Frau besaß einen Glückspfennig, in dem ihre Initialen eingraviert waren. Eines Tages verlor sie ihn und war verzweifelt, bis sie ihn in einem Laden mit dem Wechselgeld wiederbekam. Es muß eine wohlwollende Kraft geben, die unser Leben bestimmt.
Es gibt keinen Zufall.
Hinter jedem Ereignis, und erscheint es Dir auch noch so klein und unbedeutend, steht ein Gesetz. Wie wunderbar wäre es, könnte unser Verstand das immer gleich umsetzen. Wir würden nie mehr in die Situation kommen, uns über Dinge zu ärgern, die nach unserer Meinung zu Unrecht geschehen. Aber auch dieser Umstand des sich Ärgerns, da wir ihn nicht gleich verstehen, ist in sich eine Gesetzmäßigkeit und sie bestätigt nur unsere Polarität, denn wir benötigen ja die Zahl Zwei um die Einheit zu erreichen. Sage danke zu Menschen, die Dir Schmerz zugefügt haben. Bedanke Dich für alles, was Dir in diesem Leben wiederfährt, denn es ist gesetzmäßig und geschieht nicht per Zufall. Es geschieht, damit Du daraus lernst, Deinen Weg, den Gegenpol zu finden. Bedenke, daß dieser Weg nicht eben ist, sondern voller Steine liegt, die Du wegräumen mußt. Die Personen oder Umstände, die Dir auf Diesem Weg begegnen, sind Deine Steine und Du hast sie Dir selbst, und nur Dir selbst, dorthin gelegt. Das

Wort "Zufall" hatte ursprünglich eine andere Bedeutung. Es bezeichnet das, was Dir gesetzmäßig "zufällt".

Zweiter Teil (Meditationen)

Ferner empfinden wir auch mannigfache Gerüche, und dennoch/ Sehen wir nie, wie sie nahen, noch schau`n wir die sengende Hitze/ Oder die Kälte; die Stimme verbirgt sich vor unseren Blicken./ Gleichwohl müssen sie all` die Natur von Körpern besitzen, /Da sie den menschlichen Sinnen Gefühl zu erregen vermögen. /Denn allein nur der Körper empfängt und bewirkt Berührung ... Also führt die Natur mit verborgenen Körpern ihr Werk aus.
Lukrez (1, 21f.), Über die Natur der Dinge

Der Mensch muß etwas festes haben, woran er sich halten kann, etwas, das ihm ein Maß und ein Ziel ist, sonst hat er für sein eigenes Dasein keinen Begriff, und es hat keine Art des Wertes für ihn.
W.v. Humboldt (2, 416), An Karoline, 16.5.1801

Das Bad im See

In den folgenden Abschnitten werden wir gemeinsam die Meditationen durchführen, die Dich in tiefere Bewußtseinsebenen bringen. Der wohl spannendste Teil, Deine eigene Erfahrung mit der Alpha-, Tetha- und Delta-Ebene, birgt aber einige Gefahren in sich.
Es ist unbedingt erforderlich, daß Du Dich vor jeder Meditation mit der Dir schon bekannten Übung, der Meditation des Lichts, schützt.
Absolute Selbstdisziplin ist notwendig, um zu vermeiden, daß Du - bildlich ausgedrückt - "abhebst". Die Selbstdisziplin bezieht sich auf die von mir empfohlenen Zeitabstände zwischen den einzelnen Meditationen und dem Einhalten des von mir vorgeschriebenen Weges. Ich empfehle Dir, diese Meditationen mit einem Freund oder einer Freundin, zumindest anfangs, gemeinsam durchzuführen. Hilfreich wird Dir auch das Meditationsbild sein, wenn Du Schwierigkeiten haben solltest, Dir den Weg vorzustellen.
Solltest Du während einer Meditation Angstzustände, Herzklopfen oder Schweißausbrüche bekommen, dann öffne bitte sofort Deine Augen.
Um nicht "abzuheben", wirst Du am Anfang und am Ende einer jeden Meditation im Geiste Deine Füße auf den Boden bringen. Das "Erden" schützt Deine Seele.
Gerda Bareuther - Heilpraktikerin, Diplompsychologin und vielleicht die im hiesigen Raum erfahrenste Geistheilerin, führte mich unter anderem in diese Meditationen ein. Im Zeitraum von circa fünf Jahren lernte ich bei ihr, den Weg zu den von mir bereits beschriebenen Bewußtseinsstufen zu gehen. Später habe ich diesen Weg weiterentwickelt. Du wirst mir hoffentlich nachsehen, daß ich Deine Geduld auf die Probe stellen muß. Nicht, weil es mir Freude bereitet Dich schmachten zu lassen, sondern einzig und allein deshalb, weil Du ausreichend Zeit benötigst, um Erfahrung zu sammeln. Erst mit dem nötigen Abstand können die Meditationen wirken. Deshalb wer-

de ich das Vordringen in tiefere Bewußtseinsstufen nur beschreiben. Ich bin zu der Überzeugung gekommen, daß allein durch Lesen die Tetha- oder Delta-Ebene nicht erreicht werden kann. Um dorthin zu gelangen, brauchst Du unbedingt akustische Unterstützung. Laß uns jetzt beginnen:

Setze Dich bequem in einen Stuhl oder Sessel, entspanne Dich mit der Dir bekannten Technik und schließe dann Deine Augen. In Gedanken sitzt Du wieder auf der kleinen Parkbank, Deine Füße berühren den Boden und vor Dir siehst Du eine Sommerlandschaft. Du kannst dabei Deiner Phantasie freien Lauf lassen.

Deine Konzentration richtet sich auf den Hügel mit dem Felsen. Du siehst den Bach, den Steg und den Weg, der zum Felsen führt. Den Weg dahin kennst Du schon und Du weißt, daß Du Dir dafür Zeit nehmen kannst, soviel wie Du nur möchtest.
Erhebe Dich und begib Dich direkt am Bach entlang zu dem Felsen. Betrete den Gang und trete ein in das Gewölbe.

Es ist alles noch genau so, wie beim letzten Mal. Mit Freude entledigst Du Dich Deiner Kleider und steigst in das Wasser (Du kannst selbstverständlich auch Deine Kleidung anbehalten) und nimmst jetzt ein Bad.

Das Wasser ist angenehm warm und Du darfst darin schwimmen, tauchen oder Dich nur treiben lassen. Alle Sorgen und Ängste fließen dabei davon und Du fühlst Dich unsagbar wohl.
Laß Dir Zeit, genieße es einfach.
Du bist allein und niemand beobachtet Dich.
Spürst Du die kleine Glückseligkeit in Dir?

Spürst Du ein Prickeln auf Deiner Haut? Es erfaßt Deinen ganzen Körper und Du wünscht Dir, daß es nie mehr aufhören soll. Du bist gefangen von diesem wunderbaren Gefühl, das durch sanfte Musik noch verstärkt wird und neue Kräfte erwachen in Dir.
Bestimme selbst den Zeitpunkt, zu dem Du das Wasser verlassen willst.

Nachdem Du gebadet hast, begibst Du Dich wieder auf den Rückweg. Talwärts über den Steg zu der Parkbank. Nimm Platz und setze Deine Füße auf den Boden. Sage Dir:
"Ich bin vollkommen ruhig und das Bad gab mir Kraft.
Ich bin eins mit den göttlichen Kräften des Universums und ich fühle mich geborgen in der wundervollen Gegenwart Gottes. Nichts und niemand kann mich stören. Das Universum ist in mir. Ich empfinde Glück und Unbeschwertheit."
Öffne Deine Augen und fühle nun Dein neues Befinden.

Der Aufstieg zum Turm

Erinnerst Du Dich an das Meditationsbild?
Da gab es auch noch einen zweiten Weg, den Weg zum Turm. Hier wirst Du noch einmal Deiner Vergangenheit begegnen. Du erlebst sie nicht als Wiederholung, sondern aus der Sicht Deines Egos.
Dieses "Ich" beurteilt Dein bisher gelebtes Leben und offenbart es Dir in einem einzigen Bild.
Spannend wird es dann, wenn Du einen Blick in Deine Zukunft wagen darfst. Die Vision der Zukunft ist das Ergebnis Deiner Gedankenwelt, denn was Du denkst wird sein.
Du kannst diese, Deine Zukunft, jederzeit verändern. Der Wunsch der Veränderung wird vielleicht sehr stark sein, wenn Du ein Bild empfängst, das Dich beunruhigt. Denke aber stets daran, daß dem Wollen auch das Loslassen folgen muß. Entspanne Dich jetzt bitte wieder und schließe Deine Augen.
Du findest Dich auf der Parkbank sitzend und siehst vor Dir den Bach mit dem kleinen Steg darüber, und in der Ferne erblickst Du einen Turm.
Erhebe Dich bitte und begib Dich zum Steg, betrete ihn und verweile darauf.
Aus dieser erhobenen Position erkennst Du den Dir schon bekannten Weg zum Felsen. Deine Aufmerksamkeit richtet sich aber auf einen anderen, den zweiten Weg. Er ist geradliniger, länger und viel steiler. Betrete ihn und spüre den Boden unter Deinen Füßen.
Anfangs fällt es Dir sehr leicht, doch je weiter Du aufsteigst, desto schwerer werden Deine Schritte.
Auf halber Strecke blickst Du zurück, und die Parkbank ist für Dich nur noch schemenhaft zu erahnen.
Weiter geht es, den Körper leicht vorgebeugt, die Augen auf den Boden gerichtet, anstrengend, aber unaufhaltsam bergauf.

Das Ziel ist erreicht. Der Turm, gebaut aus harten Granitblöcken. Fenster oder Luken wirst Du vergeblich suchen, es gibt keine.

Eine schwere Eichentür scheint der einzige Zugang zu sein. Deine Hand schiebt einen großen, verrosteten Riegel zur Seite und öffnet damit die Tür.

Deine Vergangenheit und Deine Zukunft

Im Inneren ist es kühl und das eindringende Tageslicht erhellt nur schwach einen kleinen Vorraum.
Eine enge Wendeltreppe aus Stahl führt nach oben. Aus Deinem jetzigen Blickwinkel kannst Du das Ende der Treppe nicht sehen.
Tritt näher, umfasse mit Deiner rechten Hand das Geländer und setze den ersten Schritt.
Unaufhaltsam steigst Du Stufe um Stufe hinauf und gelangst schließlich nach einiger Zeit an einen Austritt.
Er endet vor einer Tür.
Öffne sie jetzt.
Schon gleich nach dem Öffnen bietet Dir ein Lufthauch Widerstand, so daß Du einige Kraft aufwenden mußt, um nach außen zu gelangen.
Vor Dir breitet sich ein Plateau aus.
Eine mannshohe Mauer trennt dieses Plateau in zwei Hälften. Du wirst beide nacheinander betreten und bis an den Rand gehen. Herunterfallen kannst Du nicht, denn ein Geländer schützt Dich.
Begib Dich zunächst an den Rand der rechten Hälfte und sieh hinab in ein Tal.
Das, was Du jetzt siehst oder fühlst - ist Deine Vergangenheit. Verweile eine Zeit mit Deinem Blick und laß das Bild auf Dich wirken.
Das Bild verschwindet vor Deinem inneren Auge und Du gehst nun auf die linke Seite des Plateaus.
Unter Dir breitet sich ein weites und tiefes Tal aus.
Das Tal Deiner Zukunft.
Sieh genau hin, präge Dir alles ein. Freue Dich, wenn Du schöne Dinge siehst oder spürst und fühle die kleine Glückseligkeit in Dir.
Empfängst Du unangenehme Schwingungen oder Bilder, dann ändere sie. Visioniere eine Vorstellung und sage Dir:
"Ich will, aber Dein Wille geschehe."

Alle Bilder verschwinden und Du begibst Dich wieder zum Ausgang.
Schließe die Tür hinter Dir und gehe Stufe um Stufe abwärts in den Vorraum.
Verlasse den Turm und laufe in Richtung Deiner Parkbank.
Wenn Du angekommen bist, setze Dich bitte, stelle Deine Füße auf den Boden und öffne die Augen.
Sage zu Dir:
"Ich bin vollkommen ruhig. Ich bin eins mit den göttlichen Kräften des Universums.
Ich fühle mich geborgen in der wundervollen Gegenwart Gottes.
Nichts und niemand kann mich stören.
Das Universum ist in mir.
Ich empfinde Glück und Unbeschwertheit."

Aura sehen

Im "Zwiegespräch mit einem Menschen" hast Du schon einmal kurz etwas über die Aura gehört.

Die Aura ist der Energiekörper, der Dich umgibt, sie ist Deine Ausstrahlung sowie Deine Wirkung auf andere Menschen, Dein "Inneres", was nach außen dringt. Du wirst sie sehen können, denn sie hat ein "Gesicht".

Das Gesicht der Farbe. Wenn Du gelernt hast, die Aura eines Menschen zu sehen, besitzt Du eine wundervolle und zugleich verantwortungsvolle Gabe.

Wundervoll, weil Du mehr als andere Menschen wahrnimmst, weil Du sichtbar eine Erweiterung Deines Bewußtseins erlebst.

Verantwortungsvoll, weil kein Mensch mehr seinen Gefühlszustand vor Dir verbergen kann, und weil Du mit Deinem Wissen und Deiner "Macht" viel Schaden anrichten könntest.

Hüte Dich auch vor Vorurteilen gegenüber Menschen, deren Aura nicht mit Deiner konform geht.

Eine Aura bleibt nicht konstant, sondern sie verändert ihre Farbe je nach Gemütszustand. Du wirst auch bald feststellen, welche Aura Dir angenehm ist, wo die "Chemie" stimmt und wo nicht.

Entdecken, welche Farben (Chemie) zu Dir passen, kannst Du nur selbst.

Die Meditation führt uns wieder in das Gewölbe. In Deiner persönlichen Ecke, die Du Dir noch einrichtest, wirst Du Deine eigene Aura sehen. Der Ausgangspunkt dieser Meditation, sowie jene, die wir noch durchführen werden, ist immer die Dir schon bekannte Landschaft mit Bach, Steg, dem Weg, Felsen und dem Gewölbe.

Entspanne Dich bitte, sitze bequem und schließe Deine Augen. Gehe jetzt selbständig den Weg zum Felsen und in das Gewölbe. Wenn Du im Gewölbe angekommen bist, schau Dich um und richte Deine Aufmerksamkeit auf die rechte Seite des Sees.

Du wirst dort Nischen in der Felswand entdecken. Suche Dir eine aus und richte sie so ein, wie es Dir gefällt.
Alles ist erlaubt. Du kannst Dir liebgewordene Möbelstücke oder andere Accessoires plazieren.
Für die Meditationen "Aura sehen", "Seele sehen" und "Organe sehen" brauchst Du unbedingt einen Sessel oder einen Stuhl. Hast Du Deine Ecke eingerichtet?
Nimm bitte auf Deinem Stuhl oder Sessel Platz und atme tief ein und aus.
Dir gegenüber sitzt Dein zweites "Ich", Du erkennst es schemenhaft an seinen Umrissen oder sogar ganz deutlich.
Sage zu Dir: "Ich will meine Aura sehen, aber Dein Wille geschehe."
Atme wieder tief ein und aus, ein und aus und befiehl Dir selbst - jetzt!
Freue Dich an den Farben, die Du siehst oder fühlst, es sind Deine. Lasse sie auf Dich wirken und spüre ihre Intensität.
Versuche die Farben in Deinen Gedanken festzuhalten und Dir zu merken, an welchen Körperpartien Du welche Farbe entdeckt hast.
Bestimme selbst den Zeitpunkt an dem Du die Meditation beenden möchtest. Sage Dir:
„Alle Bilder verschwinden wieder." Erhebe Dich, verlaß Deine Nische und gehe ohne weiteren Aufenthalt zur Parkbank. Setze Deine Füße auf den Boden und öffne die Augen. Schließe die Meditation mit den Worten:

"Ich bin vollkommen ruhig.
Ich bin eins mit den göttlichen Kräften des Universums.
Ich fühle mich geborgen in der wundervollen Gegenwart Gottes.
Nichts und niemand kann mich stören.
Das Universum ist in mir.
Ich empfinde Glück und Unbeschwertheit."

Solltest Du bei Deinen ersten Versuchen keinen Erfolg haben, brauchst Du nicht zu verzagen. Mir erging es auch nicht anders. Es ist alles eine Sache der Übung und vor allem des Loslassens. Allein das unbedingte Wollen führt zur Verkrampfung. Achte nicht so sehr darauf was passiert, sondern lasse es geschehen und Du wirst bald feststellen, daß sich die inneren Bilder einstellen.

Die Fähigkeit des Loslassens benötigst Du nicht nur für unsere Meditationen, Du brauchst sie vielleicht sogar noch viel nötiger für viele Bereiche Deines täglichen Lebens.

Seele sehen

Bevor wir mit der Meditation beginnen, möchte ich Dir den tieferen Sinn der "Seele sehen" erläutern.
Den Teil von Gott, den du sonst nur ahnen oder in Dir hören kannst, die "Seele" oder Dein "Ich", wirst Du von nun an bildlich er-fahren.
Du wirst sie als menschliches Wesen sehen können. Gefangen in einem quadratischen Raum (Symbol für den Körper), zeigt sich Dir Deine Seele.
Sie weiß alles über Deine vergangenen Leben, die Lehren, die Du daraus ziehen sollst, sowie Aufgaben, die Du noch zu lösen hast.
Deine Seele wird Dir auch etwas über die Ursachen eventueller Krankheiten, die Dich vielleicht befallen haben oder die Du noch bekommen wirst, erzählen.
Ein Dialog zwischen Dir und Deiner Seele wird entbrennen, der Dir völlig neue Erkenntnisse bringt. Eine Erkenntnis kann ich Dir jetzt schon verraten.
Alles, was Du hören und sehen wirst, ist wahr.
Die Fähigkeit des "Seele sehen's" ist nur eine Stufe zur Hellsichtigkeit. Nach der Meditation werde ich Verhaltensregeln aufstellen. Aus ethischen Gründen und der Verantwortung gegen Dich selbst solltest Du sie unbedingt einhalten.
Unser Ziel der kleinen Reise ist wieder das Gewölbe und die von Dir eingerichtete Ecke. Den Weg dorthin kennst Du, ich brauche ihn nicht nochmals zu beschreiben. Nimm Dir dafür soviel Zeit, wie Du nur möchtest.
Setze Dich bequem in Deinen Stuhl oder Sessel, entspanne Dich und schließe Deine Augen.
Visioniere die bekannte Sommerlandschaft und gehe den Dir bekannten Weg.
Du bist im Gewölbe angekommen und läßt Dich in Deiner Ecke nieder. Dir gegenüber steht ein großes TV-Gerät, in der Hand hältst

Du eine Fernbedienung. Der Monitor ist noch schwarz, zähle selbständig bis drei und schalte dann den Fernsehapparat ein.

Du wirst ein farbiges Bild sehen. Vielleicht ist es aber auch nur schwarz/weiß oder ein Dir unbekanntes Gefühl stellt sich ein. Alles ist o.k. Es gibt Menschen, die besitzen die Gabe des Sehens nicht, dafür sind ihre Anlagen im Gefühlsbereich stärker ausgeprägt. Beides aber führt zum gleichen Ziel. Du siehst oder fühlst also einen Raum und mitten drin findest Du Deine Seele.

Also eins, zwei und drei.

Betrachte den Raum genau. Merke Dir, wie er eingerichtet ist und wo Deine Seele wirklich sitzt.

Beginne jetzt ihr Fragen zu stellen.

Die Antworten auf Deine Fragen sind keine Einbildungen oder ähnliches. Es sind tatsächlich Antworten Deines Geistes.

Wenn ich wieder bis drei zähle, verschwinden alle Bilder und Du gehst zurück zur Parkbank. Vergiß nicht, Deine Füße auf den Boden zu stellen und öffne danach Deine Augen.

Eins, zwei, drei.

Beende die Meditation mit den Sätzen:

"Ich bin vollkommen ruhig.

Ich bin eins mit den göttlichen Kräften des Universums.

Ich fühle mich geborgen in der wundervollen Gegenwart Gottes.

Nichts und niemand kann mich stören.

Das Universum ist in mir.

Ich empfinde Glück und Unbeschwertheit."

Öffne Deine Augen.

Auch hier gilt: Wenn Du bei den ersten Versuchen nichts sehen, sondern nur fühlen solltest, dann ist das in Ordnung.

Durch stetiges Üben wird sich der Erfolg mit der Zeit einstellen.

Beachte aber bitte die nachstehenden Verhaltensregeln:

Mißbrauche niemals Dein Wissen zu eigenem Vorteil.
Wäge sehr genau ab, ob Du Informationen einer fremden Seele, die sich Dir anvertraut hat, weitergibst. Eine Weitergabe von Informationen, selbst wenn die Seele dies möchte, mußt Du ablehnen, wenn Dein Gewissen Dir das verbietet.
Wende die Meditation bei einem anderen Menschen niemals an, bevor Du das "Seele sehen" nicht hundertprozentig beherrscht.
Schwache und Hilfesuchende werden grenzenloses Vertrauen in Dich setzen.
Werde diesem Vertrauen gerecht, gaukle ihnen nichts vor, sondern bleibe immer bei der Wahrheit und danke Gott für die neu erhaltene Gabe.
Das Seele sehen wird niemals funktionieren, wenn die betreffende Person das nicht will. Verbale Bekundungen reichen hier nicht aus. Der Wille, sich dem Anderen, in diesem Falle also Dir, zu öffnen ist unbedingte Voraussetzung für das Gelingen der Meditation. Daß, das so ist, finde ich gut.

Organe sehen

Auch diese Meditation wird Dich in das Gewölbe führen. Dort stellst Du Dir wieder das TV-Gerät vor. Nach dem Einschalten erscheint nun Dein Körper auf dem Bildschirm, gläsern mit all seinen Organen, Adern, Venen, Muskeln und Nervensträngen.

Du benötigst kein detailliertes medizinisches Wissen, um "Organe sehen" zu können. Es genügt vollkommen, Dir zum Beispiel ein Herz so zu visualisieren, wie Du es vom Jahrmarkt her kennst.

Du darfst Dir auch die Lunge, Leber, Galle, die Nieren oder den Magen als eigenes Formbild kreieren.

Eines aber müssen alle "Organe" gemeinsam aufweisen. Sie sollten Dir glänzend und in voller Farbenpracht erscheinen. Findest Du blasse Farben vor, so kann das ein Zeichen für eine Erkrankung sein.

Benutze das bekannte Muster, betrachte Deinen Körper und dessen "Organe". Frage dann nach einem bestimmten Organ und sieh es Dir an. Wie sieht es aus? Blaß oder leuchtend, verformt oder intakt? Eine Freundin oder ein Freund dürfen hier als Übungspartner genommen werden und sie/er werden dazu beitragen, daß Du bald lernst, "Organe" von fremden Menschen zu sehen.

Was kann ich tun, wenn ich feststelle, daß ein Organ krank ist? Eine Frage, die sich zwangsläufig aufdrängt.

Mit Deiner Gedankenkraft wirst Du diesen Krankheitsherd beseitigen. "Male" das erkrankte Organ wieder neu an. Nimm eine kräftige Farbe. Deine Liebe und die göttlichen Kräfte des Universums sind weitere Zutaten für den Cocktail "geistiger Medizin".

Was Du aber mit dieser Medizin niemals beseitigen kannst, ist die Ursache für die Krankheit. Das Symptom wird vielleicht erfolgreich behandelt. Da aber die Ursache außen vor bleibt, wird an anderer Stelle ein neuer Herd auftreten.

Ich bin fest davon überzeugt, daß Ursachen für Krankheiten mehrheitlich in der Seele zu finden sind. Solange Ursachen nicht erkannt und vom Patienten nicht selbst abgeschafft werden, kann eine ganzheitliche Gesundung, eine Heilung, niemals stattfinden.

Der Tunnel zur 3. Ebene

Zahlreiche Nahtoderfahrungen von Menschen auf der ganzen Erde haben immer wieder ein Phänomen gemeinsam.
Übereinstimmend berichten diese Menschen von einem warmen und sehr hellen Licht, das sie magisch angezogen hat, und einem Gefühl von Geborgenheit und großer Sehnsucht. Der Weg zu diesem Licht führte bei vielen durch einen Tunnel. Menschen, die dieses erlebten, haben seitdem keine Angst mehr vor dem Tod, da sie erfuhren, daß es da noch etwas gibt, das viel schöner ist, als das Leben hier.
Forschern zufolge, die sich mit Todesnähe-Erfahrungen befassen, wird dieses Erlebnis zwar unterschiedlich geschildert, doch gleichen sich die zentralen Phasen meist. Nachfolgend will ich Dir berichtete und aufgezeichnete Beispiele für dieses Phänomen schildern, von Menschen, die keineswegs Spinner oder Lügner sind, sondern durchaus ehrenwerte Bürger dieses Planeten:
Eine Frau erinnerte sich an ihr Erlebnis: „Ungefähr vor einem Jahr wurde ich wegen Herzbeschwerden ins Krankenhaus eingeliefert.
Als ich am nächsten Morgen im Bett lag, spürte ich auf einmal einen sehr heftigen Schmerz in der Brust. Ich läutete nach der Krankenschwester, damit sie sich um mich kümmern konnte. Währenddessen drehte ich mich vor Schmerzen auf die Seite und dabei wurde mir schlecht und ich bekam keine Luft mehr. Im gleichen Augenblick war aber die Atemnot verschwunden, so schnell wie sie gekommen war. Ich bemerkte, wie ich anfing mich zu erheben und auf einen dunklen Tunnel zuschwebte, an dessen Ende ein Licht zu scheinen schien. Je näher ich dem Licht kam, um so heller wurde dieses. So hell, daß ich es nicht beschreiben kann. Ich fühlte mich unheimlich geborgen darin. Aber dann fragte es mich irgendwie, ob ich bereit sei, zu sterben. Es war, als spräche ich mit einem Menschen, nur, daß eben kein Mensch da war. Es war wahrhaftig das Licht, das mit mir sprach, und zwar mit einer Stimme. Es merkte, daß ich noch nicht

bereit war zum Sterben und schickte mich zurück. Die ganze Zeit hatte ich mich unendlich wohl gefühlt, geborgen und geliebt."

Der Psychologe Kenneth Ring aus Connecticut, er arbeitete Jahre lang auf dem Gebiet veränderter Bewußtseinszustände, führte 13 Monate lang Gespräche mit Menschen, die mit dem Tod in Berührung gekommen waren. Seine Ergebnisse aus diesen Gesprächen analysierte er mit Hilfe von Schaubildern und Tabellen.

Durch gezielte Befragung stellte Ring fest, daß die Intensität des Glaubens überhaupt keine Rolle spielt. Die Hälfte der Befragten war nicht einmal gläubig. Unterschiede stellte er nur in der Interpretation des Erlebten fest. Er erfuhr, daß die Überlebenden meinten, danach eine wichtige neue Chance im Leben erhalten zu haben.

An einem verregneten Herbstabend fuhr Wiliam Hunter schneller als sonst nach Hause. „Meinem Sohn ging es nicht gut. Seit Tagen lag der Junge mit überhöhter Temperatur im Bett. Ein Telefonanruf meiner Frau drängte mich zur Eile, denn das Fieber war beängstigend gestiegen. Ich fuhr in Gedanken versunken und mit großer Sorge, als mein Wagen plötzlich ins Schleudern geriet und im Graben landete. Wutentbrannt stieg ich aus. Meine Gedanken drehten sich überwiegend um Mike, und daß ich so schnell wie möglich zu ihm kommen wollte. Ich versuchte gar nicht erst, meinen Wagen wieder auf die Straße zu bekommen, sondern winkte mir entgegenkommenden Fahrzeugen zu, damit sie mich mitnehmen.

Aber keiner der vorbeifahrenden schien mich zu bemerken. Vor lauter Verzweiflung rannte ich mitten auf die Fahrbahn und stellte mich mit ausgebreiteten Armen dem ersten Auto entgegen. Ich dachte, jetzt muß man mich doch sehen. Ich war entschlossen, nicht auszuweichen. Doch zu meiner Überraschung verlangsamte der Fahrer sein Tempo keinesfalls. Trotzdem blieb ich stehen. Er kann mich doch nicht übersehen, ich schloß meine Augen und wartete auf den Aufprall. Als nichts dergleichen passierte, öffnete ich meine Augen wieder und sah, wie das Fahrzeug, ohne daß es die Richtung verändert hatte, mich passierte. Es war einfach durch mich hindurch gefahren, als wäre ich Luft. Gleich darauf kam ein zweites Fahrzeug - und wieder fuhr es mitten durch meinen Körper hindurch. Ich begriff nun gar nichts mehr. Dann sah ich wieder zu meinem Auto im Graben und bemerkte, daß sich eine Person darin befand. Ich sah genauer hin und erkannte mich. Den Kopf auf dem Lenkrad gelehnt, schaute mich mein Ebenbild mit offenen Augen an. Aus dem Mundwinkel rann Blut. Erschrocken stellte ich fest, diese Person war ja ich. Und da war ich, nur zwei Meter entfernt, noch einmal.

War ich vielleicht tot? Ich verlor für kurze Zeit mein Bewußtsein und es wurde dunkel um mich. Als ich wieder erwachte, befand ich mich in einem Tunnel. Am Ende des Tunnel erkannte ich ein Licht. Ich schwebte völlig schwerelos auf dieses Licht zu. Je näher ich ihm kam, desto angenehmer und wohltuender wurden meine Gedanken und Gefühle. Das Licht nahm jetzt mein gesamtes Sichtfeld ein.

Es war unbeschreiblich hell, angenehm warm und von sanfter Güte, die nur mir zu gelten schien. Und dann sah ich meinen Sohn, Mike.

Er lächelte mich an und sprach zu mir. Ich habe noch jedes Wort in meiner Erinnerung, als wäre es gestern. Er sagte: „Hallo Dad, mir geht es sehr gut und ich werde einige Zeit hier verbringen. Mach dir keine Sorgen, ich weiß, daß wir uns wiedersehen werden. Doch du mußt jetzt wieder zurück, Mutter braucht dich jetzt mehr als je zuvor." Ich hatte bei diesen Worten nie das Gefühl, ihm widersprechen zu müssen, sondern im Gegenteil, ich empfand, daß die Rollen vertauscht waren. Dann verlor ich erneut mein Bewußtsein."

Wiliam Hunter wurde mit schweren Kopfverletzungen in das nächste Krankenhaus eingeliefert und noch am gleichen Abend erfolgreich operiert. Zur gleichen Zeit starb sein Sohn an einer schweren Grippe. Wiliam befolgte die Worte seines Sohnes. Die Beziehung zu seiner Frau, die vor dem tragischen Ereignis nicht gerade die Beste gewesen war, bekam eine neue Qualität. Auch sein Leben veränderte sich danach. Seitdem hat Wiliam Hunter keine Angst mehr vor dem Tod und er weiß jetzt, daß es ein „Danach" gibt. Er hatte es

selbst erfahren. Er lernte zu meditieren und konnte dadurch mit seinem verstorbenen Sohn kommunizieren.
Ausnahmslos sehnen sich die Betroffenen danach, diese Erfahrung noch einmal zu erleben und bedauern, es nicht zu können.
Was haben diese Menschen erlebt? Meine Erklärung lautet:
Im Moment des Todes tritt Deine Seele eine Reise an. Sie verläßt Deinen organischen Körper und tritt in das Devachan, in das „Glückliche Land", ein. Du erinnerst Dich? Dabei muß sie durch einen Tunnel, an dessen Ende dieses magische Licht darauf wartet, die Seele in die Sphäre zu begleiten, in der sie bis zu ihrer Inkarnation verweilt, oder eingeht in das absolute "Nichts", das Nirvana.
Diesen Vorgang bezeichne ich als "Seelenreise".
Haben Menschen (Seelen) in diesem Leben noch Aufgaben zu bewältigen, dann geht ihre Reise eben nur bis zu dem magischen Licht und nicht weiter.
Erst, wenn sie ihr Pensum erfüllt haben und danach der Tod eintritt, kann die Reise fortgesetzt werden.
Eine "Seelenreise" können wir aber auch zu Lebzeiten unternehmen.
Mit Hilfe der Meditation gelingt es uns, in diese Sphären vorzudringen und einen neugierigen Blick darauf zu werfen, was uns nach dem Tod erwartet. Da der Tod in unserer westlichen Welt oft noch ein verschmähtes Tabu ist, und als etwas sehr „Schreckliches" betrachtet wird, Du vielleicht auch bis heute bei diesem Gedanken kein gutes Gefühl hattest, kannst Du durch diese Selbsterfahrung Deine Ansicht ändern und zu neuen Erkenntnissen kommen.
Beginnen wir uns nun einzuschwingen in die Sphäre einer tieferen Bewußtseinsebene:
Lehne Dich zurück, atme ruhig und gleichmäßig und schließe Deine Augen.
Beschreite in Deinen Gedanken den Dir bekannten Weg in das Gewölbe.

Zur Einstimmung nimmst Du ein Bad in Deinem See. Versuche Dich dabei von allen Ängsten und Sorgen zu befreien.
Du steigst jetzt aus dem Wasser und Deine Augen erkennen am anderen Ende des Gewölbes eine Tür.
Gehe direkt zu dieser Tür und öffne sie.
Ein Gang, der einem Tunnel gleicht, mit glatten, rotbraun schimmernden Wänden liegt, vor Dir.
Er ist weder breit noch eben, und er führt steil nach oben.
Deine ausgestreckten Arme können die Wände ertasten.
Sie fühlen sich warm an und Du empfindest sie als sehr angenehm und vertraut.
 Neugierig und etwas unsicher gehst Du weiter aufwärts, immer tiefer hinein.
Je tiefer Du vordringst, desto heller wird es im Tunnel. Die rotbraune Färbung der Seiten ändert ihr Antlitz, wird goldig.
Deine ganze Aufmerksamkeit erweckt jetzt ein Licht, das noch in weiter Ferne ist.
Ein derartiges Licht hast Du bis zu diesem Moment noch nie gesehen.
 Vor wenigen Augenblicken warst Du vielleicht noch unsicher und etwas ängstlich. Dieses Gefühl verschwindet beim Anblick des Lichtes total und an dessen Stelle tritt ein Glücksgefühl, das all Deine Sinne einnimmt.
 Freude, unbeschreibliche Freude, nur beseelt von dem Wunsch, einzutauchen in dieses Licht, läßt nun Dein Bewußtsein verstummen.
Das Ziel vor Augen, gebannt, stehst Du am Ende des Tunnels und inmitten des Lichtes.
Ein einziger Gedanke beherrscht Dich - ich will weitergehen.
Doch hier endet unsere Reise fürs erste.
Wir kehren jetzt um, ohne auch nur einen Blick zurückzuwerfen.
Zurück und abwärts zur Tür, die noch geöffnet ist.
Angekommen, schließen wir diese und sind wieder im Gewölbe.

Wenn Du möchtest, kannst Du noch einmal ein Bad nehmen oder Dich in Deiner Ecke ausruhen.
Anschließend verläßt Du das Gewölbe und Dein Ziel ist wieder die Parkbank.
Stelle Deine Füße auf den Boden und öffne Deine Augen.
Beschließe die Meditation mit den Dir bekannten Sätzen:
"Ich bin vollkommen ruhig.
Ich bin eins mit den göttlichen Kräften des Universums.
Ich fühle mich geborgen in der wundervollen Gegenwart Gottes.
Nichts und niemand kann mich stören.
Das Universum ist in mir.
Ich empfinde Glück und Unbeschwertheit."

Der Weg in Deine Hölle; die 3.Ebene; die Farb- und Klangebene; der Feuersturm; die kosmische Ebene; Friedensmeditation und Heilmeditation

Die hier aufgeführten Meditationen wollte ich ursprünglich in diesem Buch durchführen. Während ich schrieb, bin ich jedoch zu der Erkenntnis gekommen, daß Du ausreichend Zeit benötigst, um diese Bewußtseinsebenen zu erreichen. Mit Zeit meine ich mindestens zwei Jahre, damit Du das erlernte Wissen auch anwenden kannst.

Die Gefahr des "Abhebens" erscheint mir zu groß, und das kann und will ich nicht verantworten. Ich werde deshalb zu einem späteren Zeitpunkt noch ausführlich die oben aufgeführten Meditationen beschreiben.

Trotzdem möchte ich Dich nicht ganz im Unklaren lassen und hier einfach abbrechen. Damit Du einen Eindruck erhältst, was auf Dich nach der Zeit des Wartens und Wirkens zukommt, beschreibe ich Dir vorab die einzelnen Meditationen.

Der Weg in Deine Hölle

Diesen Weg werden wir gemeinsam beschreiten. Du wirst die "Hölle" erleben, die Deine eigene ist. Es wird nicht die Hölle sein, die Dir die Kirche mit Satan und Fegefeuer beschreibt, und aus der es kein Entrinnen gibt. Du wirst selbst erfahren, daß die Hölle nur eine Zwischenstation ins Devachan ist. Das hat auch nichts mit Sünde und Bestrafung zu tun. Sünde heißt übersetzt, den Punkt nicht treffen. Das Christentum interpretiert hier das Wort Sünde falsch.

Den Punkt nicht treffen, also sündig zu sein, ist demnach nichts schlechtes, da wir, wie Du ja schon weißt, eben diesen Punkt nicht denken können, sind wir von Geburt an sündig. Mit der Hölle verbinde ich alle gegenteiligen Erfahrungen der Seele, die sie zwangsläufig durchlebt, um in den Einklang mit dem Kosmos zu gelangen.

Gegenteilige Erfahrungen können zum Beispiel Ängste, böse Gedanken oder Handlungen sein. Aus dem Erlebten dieser Gedankenwelt erwachsen dann bestimmte Bewußtseinsmuster, welche Dir in materialisierten Bildern oder Gefühlen erscheinen. Du lernst hier Deine tiefsten Abgründe kennen. Und da diese Abgründe bei jedem Menschen verschieden sind, sind es auch die Bewußtseinsmuster.

Meine Hölle zum Beispiel, ist eine tiefe, dunkle Grotte. Hier ist es kalt und naß. Jeder Schritt, den ich in ihr gehe, wird in einem mehrfachen Echo von den kahlen Wänden zurückgeworfen. Bei mir sind dies verborgene Ängste, resultierend aus meinen Gefangenschaftserlebnissen in Rumänien. Als ich vor 24 Jahren über Rumänien in den Westen flüchten wollte, sperrten mich die Schergen der Sekuritate in ein dunkles Verlies. Ängste, hervorgerufen durch Verhöre und Folter, verfolgen mich heute noch und sie haben sich tief in mein Unterbewußtsein eingegraben. Das daraus entstandene Bewußtseinsmuster begegnet mir in Form der eben beschriebenen Grotte wieder. Andere Personen berichten, daß schemenhafte Gestalten oder Dämonen ihre Hölle besiedeln. Niemand aber, mit dem ich gesprochen habe, wurde von diesen Gestalten bedroht oder gar gepeinigt. Die Hölle ist kein

Strafgericht, sondern lediglich ein materialisiertes Bewußtseinsmuster.

Der Weg dorthin führt durch den Tunnel ins Licht. Auf halbem Weg zur dritten Ebene gelangt man über eine breite Treppe in die sogenannte Hölle.

*Die Sekuritate war zu Zeiten der kommunistischen Herrschaft in Rumänien eine wegen ihrer Brutalität berüchtigte und gefürchtete Geheimpolizei.

Die 3. Ebene

Hier wirst Du weitergehen, in das magische Licht eintreten. Sehen, was nach dem Tunnel kommt. Die Straße des Lichts betreten und schweben, schwerelos bis zum Tor der 3. Ebene. Dort wirst Du vielleicht verstorbene Verwandte und Freunde treffen. Sie erscheinen Dir aber nicht als Personen, wie Du sie auf Erden kanntest, sondern als Geistwesen, mit unendlicher Liebe ausgestattet. Diese Liebe wird auf Dich übergehen und über den gesamten Zeitraum Deines Aufenthaltes andauern.

Du wirst das "glückliche Land" betreten und Dir einen Platz aussuchen, an dem Deine Seele nach Deinem Tode verweilen wird.

Völlig neue Glücksgefühle werden Dich dabei begleiten. Du besitzt kein Ego mehr und alles erscheint Dir rosig und friedlich.

Die Farb- und Klangebene

In dieser Bewußtseinsebene finden Deine Träume statt. Hier verarbeitest Du Tageserlebnisse, die Vergangenheit und Du wirfst einen Blick in Deine Zukunft.

Träume sind also nichts anderes als die Wanderung Deiner Seele in die Farb- und Klangebene. Jede Nacht, wenn Du schläfst und träumst, verläßt die Seele Deinen Körper, um sich zu erholen oder zu arbeiten. Du kannst es selbst beobachten. Bestimmt bist Du schon einmal ganz plötzlich aus dem Schlaf erwacht, weil ein lautes Geräusch Dich erschreckt hat und Du hast Dich danach vollkommen schlaff gefühlt oder Dein Herz schlug mit überhöhter Frequenz, als hättest Du einen Einhundert-Meter-Sprint hinter Dir. Deine Seele hatte in diesem Augenblick nicht die übliche Zeit, die sie benötigt, um aus der Farb- und Klangebene (Theta-Zustand) wieder in den Beta- Zustand, dem Tagesbewußtsein, zu gelangen. Wenn wir in unseren Meditationen immer einen bestimmten Weg gehen, dann ist dieser Weg nicht willkürlich gewählt, sondern es ist der Weg, den

Deine Seele auf ihren Reisen beschreitet. Beobachtungen, die an Versuchspersonen vorgenommen wurden, berichten, daß beim Wiedereintritt der Seele in den menschlichen Körper die Luft um die Versuchsperson besonders stark vibrierte. Starke und schnelle Abweichungen in Raum und Zeit, zwischen Aufenthalt und Wiedereintritt, können sogar bis zum Tode durch Herzstillstand führen.

Deshalb ist es wichtig, daß wir in den Meditationen nicht gestört werden. Der Farb- und Klangebene wird eine große Kraft zugeschrieben, denn auf ihr vollziehen sich die Heilungsprozesse, d.h. Dein Körper, sollte er einmal krank sein, kann sich am besten im Bereich des Theta regenerieren. Der Ausspruch: „Schlaf Dich gesund," kommt daher nicht von ungefähr.

Das ist auch die Ebene, auf der Deine Seele nach dem körperlichen Tod Zeit und Gelegenheit erhält für ein völliges Aufblühen und Ausleben all dessen, was ihr im letzten Erdenleben das Liebste, Höchste und Reinste gewesen ist.

Der Feuersturm

Ein breites Plateau liegt vor Dir, an dessen Horizont ein Feuer brennt. Blaue Flammen züngeln in rascher Folge in die Höhe.
Der Feuersturm wird Dich katapultieren und er ist der Katalysator für Zeitreisen und zugleich Fahrstuhl zur kosmischen Ebene.

Die kosmische Ebene

Absolute Ruhe, nur im Hintergrund ein leiser kosmischer Ton. Musiker haben bis heute vergeblich versucht, diesen Ton zu treffen. Die Vorstufe zum Nirvana, dem absoluten "Nichts".

Friedensmeditation

Der Feuersturm wird uns zum Mond tragen. Von dort werden wir unsere Erde in schützendes Licht tauchen. Gute und liebe Gedanken werden das Licht begleiten.

Heilmeditation

Sorgen, Ängste und erkrankte Organe eines Dir bekannten Menschen tragen wir auf die Farb- und Klangebene und unternehmen dort einen Heilversuch.

Dritter Teil

Die großen geistigen Integrationsfiguren des 20. Jahrhunderts, zu denen Albert Einstein, Sigmund Freud, Bertrand Russel, Albert Schweitzer und Pierre Teilhard de Chardin ebenso gehören, wie Shri Aurobindo oder Mahatma Gandhi, zeichnen sich samt und sonders durch integratives Weltverständnis aus, in dem das Verhältnis des Menschen zur Welt auf globaler Ebene reflektiert wird.

Die Quintessenz ihrer Überlegungen läßt sich in der Formel zusammenfassen: kein Weltverständnis ohne Selbsterkenntnis des Menschen, aber auch keine Selbsterkenntnis ohne Weltverständnis. Weder die bloße Beherrschung der Welt, noch die reine Meditation genügen zur Erfahrung der Wirklichkeit, die sich in geschichtlichen Prozessen und in der Entwicklung des Bewußtseins manifestiert.

Beide Faktoren verhalten sich komplementär zueinander, wechselwirken miteinander und induzieren sich gegenseitig, wobei das Bewußtsein eine kybernetische Funktion hat und sich zusätzlich selbst induziert: **Geschichtsbewußtsein durch Bewußtseinsgeschichte.**
Ernst R. Sandvoss (306,1) Sternstunden des Prometheus

Ernst R. Sandvoss bringt es auf den Punkt. Wir können die Welt niemals verstehen, wenn wir uns nicht selbst verstehen, uns nicht erkennen.
Selbsterkenntnis ist gleich Gotterkenntnis.
Alle oben aufgeführten, großen geistigen Integrationsfiguren haben eines gemeinsam. Früher oder später kamen sie zu der Einsicht, daß Selbsterkenntnis gleich Gotterkenntnis ist. Wenn sie es nicht schon waren, wurden sie irgendwann in ihrem Leben religiös, denn religiös sein heißt, nach dem "Warum" zu fragen. Sie verstanden, daß Wissenschaft, Religion und Philosophie untrennbar zusammen gehören, wenn die Welt als Gesamtheit, als das "Eine" begriffen werden soll. Es genügt also nicht, nur zu meditieren um der Wahrheit näher

zu kommen, sondern die Öffnung nach allen Seiten bringt Dich in Deiner Bewußtseinsentwicklung weiter.

Erst wenn Du weißt, wer Du bist, was Du willst oder nach was Du suchst, wirst Du das "Göttliche" in Dir und in anderen Menschen entdecken.

Den Weg zu diesen Erkenntnissen beschreitest Du hier und jetzt in diesem Leben. Denke daran, nur Deine eigenen Erfahrungen zählen und die Summe aller Erfahrungen ist der Grad Deines Bewußtseins.

Ich möchte Dir in den folgenden Abschnitten zeigen, wie Du das Erlernte in Deinem täglichen Leben anwenden kannst. Ob Du es tust, liegt allein an Dir. Ich kann Dir nur immer aus meiner Sicht die Dinge darstellen, darüber berichten und raten.

Das Leben kann so schön sein, wenn Du lernst es anzunehmen. Kein Film, kein Theaterstück, kein Buch, nicht die Musik und nicht die Malerei wird je erfassen, was das Leben wirklich ausmacht. Abenteuer, Spannung, Drama, Schönheit, Leid, Lust, Liebe und kein Ende - das ist Leben.

Über das Schicksal als Weg der Esoterik

Die Menschen haben das Schicksal erfunden, um ihm die Schuld an den Wirren der Welt zuzuschreiben...
*****Rolland (1,81), Über dem Getümmel*****

Wie oft habe ich schon gehört: "Dieses Unglück war Schicksal."
Oder: "Es war Schicksal, daß ich Dir begegnet bin."
Gibt es das Schicksal? Ich behaupte nein. Das, was wir oberflächlich als Schicksal bezeichnen, ist nichts anderes, als die karmische Lektion, die wir zu lernen haben. Schicksal ist der Hinweis, aus der Starre der bloßen Betrachtung zu erwachen, um den esoterischen Weg zu gehen, und der Partner aller Menschen, mit dem zu beschäftigen sie gezwungen sind.

Menschen beginnen erst dann nachzudenken, wenn sie aus dieser Starre gerissen werden. Die logische Konsequenz ist dann bei vielen, einen neuen Weg zu suchen. Wenn Du den Weg der Esoterik gehst, mußt Du Dir bewußt werden, daß dies der Weg der Einsamkeit ist. Die Einsamkeit ist eine gesetzmäßige Phase, die Du durchschreiten mußt.

Diese Einsamkeit ist unabhängig von der äußeren Geschäftigkeit; Du erlebst sie innerlich, indem Du von der Welt nicht mehr verstanden wirst. Eine tiefe Schlucht des Nichtverstehens, des Andersseins, wird sich zwischen Dir selbst und der Umwelt auftun. Du wirst zum Eremiten, auch wenn Du von hunderten Menschen umgeben bist. Mit der gleichen Sicherheit, mit der Du diese Phase durchlebst, wird sie auch wieder durch andere Phasen abgelöst.

Einsamkeit ist nur ein Durchgangsstadium, das Dich das Schweigen und Lauschen lehren will.

Deine Motivation für die Beschäftigung mit der Esoterik sollte aber auf keinen Fall der Wunsch sein, Fähigkeiten und Kräfte zu erwerben, die Dich über die anderen hinausheben oder mächtiger werden lassen. Dieser Trieb führt Dich unweigerlich in die Fänge der

"Schwarzen Magie", der Betätigung, die dem Zweck des Eigennutzes und der Egodominanz dient.

Sie ist der Schatten, der Gegenpol der "weißen Magie". Der Inhalt der sogenannten "weißen Magie" ist, das Dunkel zu durchleuchten, um dem Lichte zu dienen. Alles, also auch Du, wurde aus dem Licht geboren und wird deshalb auch zum Licht zurückkehren. Die Dunkelheit ("Schwarzen Magie") ist Mangel an Licht und führt zu keinem eigentlichen Zielpunkt, sondern sie ist lediglich ein weiterer Umweg, der jedoch schließlich auch einmal im Licht enden wird.

Leider verstehen viele diesen Zusammenhang noch nicht und fordern ständig nach Beweisen und der Demonstration sichtbarer Wunder.

Wahre Esoterik wird aber diesen Forderungen niemals Folge leisten. Es könnte der Eindruck entstehen, daß es dann diese "Wunder" gar nicht gibt.

Ein Irrtum derer, die ihn begehen, und Du solltest deren Probleme nicht zu Deinen eigenen machen.

Wenn Du Deine Motivation hinterfragst, warum Du diesen Weg gehen möchtest, und die Antwort weder Neugier noch Macht ist, dann kannst Du beginnen, die ersten Schritte auf diesem neuen Weg zu tun. Solange Du aber feststellst, daß noch ein Funken dieses Schattens der "Schwarzen Magie" in Dir existiert, rate ich Dir, ihn zu löschen, bevor er sich zu einem Brand ausweitet.

Dann muß ich Dich auch noch vor zu großer Eile warnen. Ich kenne Menschen, die mit Begeisterung über das entdeckte Neuland glauben, alle Geheimnisse der Esoterik im Eiltempo erjagen zu können.

Ein fataler Irrtum, denn Erkenntnisse und Entwicklungen lassen sich nicht beliebig forcieren, sie haben ihren eigenen Rhythmus und entziehen sich jedem Zwang. Diese Menschen saugen begierig alles auf, was an Systemen und Wahrheiten angeboten wird. Aber auch für sie ist das nur ein Abschnitt des Weges, der letztendlich zum Licht führt. Aber es ist ein gefährlicher Weg, der in einer Sucht enden könnte. Darum bitte ich Dich, nimm Dir Zeit, denn Entwicklung bedarf der Ruhe, wobei Ruhe nicht mit Untätigkeit gleichzusetzen ist. Alles wird zur rechten Zeit geschehen. Zeit ist relativ.

Wenn Du heute zum Beispiel eine "Esoterik Messe" besuchst, wirst Du feststellen, daß ein derart großes Angebot von "Richtungen" existiert, wodurch ein Zurechtfinden in diesem Irrgarten unmöglich wird, wenn Du nicht schon gefestigt bist und Deinen Weg gefunden hast. Wahre Esoterik ist immer ein einsamer Weg. Gruppen oder Verbindungen bergen die Gefahr der Abhängigkeit. Sie haben nur für eine bestimmte Zeit ihre Berechtigung und können einem Suchenden Anregungen und Impulse verschaffen. Ab einer bestimmten Größe erliegen alle Gruppen und Verbindungen einer gewissen Trägheit. Sie bleiben oft stehen, wobei der Einzelne in seinem Entwicklungstempo meist schneller ist.

Ähnliche Symptome lassen sich auch bei der Vergötterung sogenannter "Heiliger" oder "Gurus" beobachten.

Besonders labile Menschen geraten in ihre Fänge und verlieren dabei völlig ihre Eigenständigkeit. Bedingungsloser Glaube an das, was gepredigt wird, und Willenlosigkeit sowie absoluter Gehorsam sind die Folge.

Der Gefahrenpunkt bei allen Vereinigungen und Gruppen liegt darin, daß ihre Lehren zwangsläufig nur einen Ausschnitt der Wirklichkeit umfassen.

Dieser Ausschnitt wird dann zur seligmachenden Wahrheit erhoben und dient letztendlich nur zur Vereinsmeierei, Mission und zur Rivalität mit Andersdenkenden. Die Gruppe wird dann zum Fluchtort von gegenseitigen Selbstbestätigungen. Es wird nur konsumiert, was der "Meister" vorgibt und nicht weitergedacht, man landet schließlich in einer Sackgasse. Ein gutes Beispiel dafür ist der Faschismus, der sich durch geschickte Propaganda und dem Irrtum, das wahre Ziel vor Augen zu haben, in Deutschland manifestieren konnte.

Begünstigt wurde dieser Prozeß durch die Halt- und Ziellosigkeit eines ganzen Volkes. Welche Ausmaße das annehmen kann, kennst

Du aus unserer jüngsten Geschichte. Menschen werden zu willenlosen Maschinen und vollbringen grausige Taten.

Doch selbst dieser Abschnitt hat seine Ursache im Karma und es wird der Tag kommen, an dem wir dieses Karma abtragen müssen.

Wahre Esoterik zeigt Dir immer den Weg in die Freiheit und führt niemals in eine Abhängigkeit. Sie läßt sich nur schwer organisieren. Deinen Weg mußt Du letztendlich allein gehen. Brauchst Du Hilfe, so wird die Hilfe zu Dir kommen - ohne daß Du auf die Suche gehen mußt.

Intuition für Deine Zukunft

Seit Tausenden von Jahren glauben die Menschen, daß der menschliche Geist sich vom Körper trennen kann. Die Kernidee vieler Religionen ist, daß die Seele nach dem Tod eine Wanderung beginnt. Aber ist das nur eine Frage des Glaubens? Kann der menschliche Geist den Körper wirklich verlassen? Können gar wir Lebenden die Astralwelt besuchen oder sie zumindest sehen? Ich bin zu der Überzeugung gekommen, daß dieses möglich ist.

Bevor ich beginne, Dir diese „Welt" näher zu bringen, laß mich ein Stück in der Geschichte zurückblättern und zwar bis in das Jahr 1868. Dort war ein Amerikaner, Edwin Barret, entschlossen, erste Beweise für seinen Glauben an die Astralwelt zu finden, um dann darüber zu berichten. Nach langen intensiven Übungen mit Meditationen wurde schließlich seine Hartnäckigkeit belohnt.

Sein erster Bericht lautete: „Endlich konnte ich die wunderbaren Lichter und Farben sehen, die man nicht beschreiben kann, wenn man sie nicht selbst gesehen hat. Als ich dann später die Augen öffnete und den Himmel und die Erde betrachtete, erschienen sie mir geradezu farb- und glanzlos."

Der Hellseher Charles Leadbeater, er lebte von 1847 bis 1934, war der Auffassung, daß die Bilder auf der Astralebene durch eigene Gedanken erzeugt werden. „Jeder Gedanke erzeugt eine Reihe von aktiven Schwingungen im Astralkörper, die von einem phantastischen Farbenspiel begleitet werden, wie auf einem Wasserfall, der das Sonnenlicht reflektiert."

Leadbeater nannte diese Bilder „Gedankenformen". Er ließ seine Astralvisionen von bekannten Künstlern malen und nahm damit großen Einfluß auf die Entwicklung der Malerei. Viele Maler behaupten, daß sie ihre Ideen aus der Inspiration der Astralwelt erhalten. Der bekannteste Vertreter war wohl Wassily Kandinsky (1866-1944). Es ist geradezu bezeichnend, daß seine Bilder in der Zeit, in der die westliche Welt beginnt sich mehr und mehr für das Übersinnliche zu interessieren, heute gefragter denn je sind. Aber nicht nur Maler bedienen sich dieser Inspiration, sondern auch Schriftsteller und Musiker. Sie alle gebrauchen die Inspiration und die Intuition.

Die gute Zeit fällt nicht vom Himmel, sondern wir schaffen sie selbst; sie liegt in unserm Herzen eingeschlossen ...

Dostojewski (4, 170), Das Gut Stepantschikowo

Wie recht hat hier doch der Dichter. Ob er wohl wußte, daß die Gedanken, die wir in uns tragen, die Gedanken sind, die letztendlich auch die Zukunft gestalten? Beginne damit, wie und wann immer Du willst. Wir sind gewohnt, für alles Pläne zu entwerfen. Das Haus muß geplant werden, damit die ausführenden Handwerker wissen, wie sie die Steine zu setzen haben. Wenn Du in den Supermarkt gehst, um für das kommende Wochenende einzukaufen, hilft Dir ein Einkaufszettel (Plan) die Nahrungsmittel zu besorgen. Die schönste Zeit im Jahr, der Urlaub, wird minutiös vorbereitet und in Gedanken schon vor dem eigentlichen Ereignis erlebt. Die Liste an Beispielen für die Zukunftsplanung ließe sich noch beliebig weiterführen. Wir werden dabei feststellen, daß wir aktiv an der Gestaltung dieser Zukunft meistens nur wenige Monate, höchstens aber für ein Jahr beteiligt sind.

Solche Zeiträume können wir überblicken, denn sie erscheinen uns greifbar.

Was weiter darüber hinausgeht, verschwimmt in unser Vorstellungskraft oder wird mysteriös. Und doch zieht uns unsere Neugier, etwas darüber zu erfahren, magisch in ihren Bann.

Eine Faszination, der wir uns nur schwer entziehen können. Doch Du kannst lernen, Deine Zukunft vorherzusehen. Einige Stufen zur Hellsichtigkeit sind wir schon gemeinsam gegangen. Erinnerst Du Dich an die Meditationen "Deine Zukunft" oder "Seele sehen"? Diese, gepaart mit einem gehörigen "Schuß" an Intuition, sind genau das, was der Volksmund als Wahrsagerei bezeichnet. Wie aber trainiere ich meine Intuition?

Es ist einfacher, als Du glaubst. Deine innere Stimme, die ständig zu Dir spricht, die auch als Hintergrundbewußtsein oder als das "Höhere Selbst" bezeichnet wird, sie ist die Intuition.

Wir beachten das "Höhere Selbst" leider viel zu wenig. Wenn wir vor einer Entscheidung stehen, ob wir dies oder jenes tun sollen, und unsere innere Stimme danach fragen, wählen wir meist den bequemeren Weg.

Es ist einfach, unangenehme Botschaften durch angenehme zu ersetzen. Genau hier aber liegt das Problem.

Ein Beispiel: Du arbeitest vielleicht schon viele Jahre in einem Beruf, der Dir keine Freude bereitet.

Dennoch gehst Du Tag für Tag und mit Widerwillen dieser Tätigkeit nach, denn Du mußt ja Geld verdienen, um für Deinen Lebensunterhalt zu sorgen. Dafür bist Du bereit, einiges in Kauf zu nehmen. Die Launen Deines Chefs und der Kollegen, oder Du fühlst Dich zu wenig gefordert, dann erträgst Du Dinge und Situationen, die sogar Deinen freien Willen einengen.

Obwohl Dir Dein Gefühl sagt, das was ich hier tue, ist nicht das Richtige für mich, bleibst Du aus verschiedenen Gründen Deinen Gewohnheiten treu. Die Frage, für oder gegen etwas zu sein, ließe sich auch auf andere Bereiche des Lebens anwenden. Die Antwort aber gibt Dir immer Deine innere Stimme. Probiere es aus. Das, was Du als erstes hörst, ist richtig, und wenn es Dir noch so abwegig oder unlogisch erscheint.

Für Fragen nach Deiner Zukunft gilt das ebenso: Du wirst eine Antwort oder ein Bild empfangen und es entsteht ein Drang zu handeln.

Diese Handlungen werden von einer sogenannten wirkenden Kraft geleitet, etwas zu tun oder nicht zu tun.

Am einfachsten ist es für Dich, wenn Du beginnst, die Intuition mit einer JA/Nein-Situation zu trainieren.

Gewöhnlich hast Du mit Wahl oder Entscheidung zu tun: Ist das die richtige Arbeit für mich? Soll ich auf dieses Angebot eingehen?

Habe ich mein Geld wirklich gut angelegt? Sagt mein Gegenüber mir die Wahrheit?

Solche Entscheidungsprobleme kannst Du mit "Ja" oder mit "Nein" beantworten. Fange mit einer Entscheidung an, die Du treffen mußt. Ein neuer Job wird Dir angeboten. Dein Einkommen soll sich um ein Vielfaches erhöhen, verbunden mit einem Ortswechsel und völlig neuem Tätigkeitsbereich.

Benutze all Deine Sinne und jedes Mittel, das relevant ist, und treffe Deine Wahl oder Entscheidung. Prüfe die Situation, beobachte Deine Gefühle dabei und stelle eine Liste über Pros und Kontras auf.

Diese Vorbereitung ist sehr wichtig. Du benötigst ein Fundament aus Informationen, die Du auf bewußter Ebene beurteilen kannst, um die Intuition aufzubauen. Damit stimmst Du Dich auf Dein Thema ein und wechselst dann in eine Phase der Meditation.
Visioniere dann ein Bild von Deiner neuen Tätigkeit und zwar so, daß Du Dich auf das höchste Ideal einschwingst.
Achte darauf, ob Du ein Gefühl der Harmonie erfährst.
Frage Dich: "Ist dies die richtige Entscheidung?"
Höre auf Deine innere Reaktion.
Deine innere Stimme, die zu Dir spricht, ob ja oder nein, ist der Akt der Intuition. Gleich, was immer die Stimme in Dir zu Dir sagt, es ist die Antwort auf Deine Frage.

Das Einsetzen der Intuition versetzt Dich in die Lage, Dinge vorherzusehen und Entscheidungen zu treffen, die Dir unnötige Wege oder schmerzhafte Fehlentscheidungen ersparen können.
Ich sage bewußt - ersparen können, denn Dein Leben hier und jetzt ist nach wie vor die Ernte Deiner Saat, die Du im vergangenen Leben gelegt hast.

Mit Deiner neugewonnenen Gabe der Intuition oder der Hellsichtigkeit besitzt Du auch die Fähigkeit, Deine Zukunft zu verändern. Aber diese Veränderung ist immer nur ein Verschieben der zu lernenden Lektionen auf ein weiteres Leben. Eine Veränderung befreit Dich nicht, die Lehren aus den zu lernenden Lektionen zu ziehen.

Denke stets daran, was Du in den Abschnitten über das Karma erfahren hast.

Wir besiegen den Tod

Wir schreiben das Jahr 4797. Zweitausendachthundert Jahre Menschheitsgeschichte liegen hinter uns. Kriege, Hungersnöte, Wirtschaftskrisen und Seuchen gehören der Vergangenheit an. Die Wissenschaft hat gelernt, ihre Forschungen und Entdeckungen unter dem Sichtwinkel der Ganzheit zu betrachten, und die Menschen entdeckten ihre wahre Herkunft.

Energieprobleme gehören einer längst vergangenen Zeit an. Wir sind nicht allein in unserer Galaxie. Reger und profitabler Kontakt mit außerirdischen Intelligenzen steht auf der Tagesordnung.

Die Medizin hat das Alterungsgen entdeckt, isoliert und neutralisiert.

Die Lehre von der Wiedergeburt wurde wieder zum Glaubensgrundsatz der Kirche. Das Geheimnis der schwarzen Löcher ist längst kein Geheimnis mehr.

Anons Augen blicken erwartungsvoll in den Morgenhimmel. Sein schlanker und feingliedriger Körper liegt regungslos auf dem Ruhefeld. Doch der Eindruck täuscht. So ruhig, wie es erscheint, ist Anon gar nicht. Vorfreude und Anspannung vermischen sich mit Wehmut und Sorge. In Gedanken ist Anon bereits nicht mehr auf der Erde. Er wird sie heute für immer verlassen. Das Sonnenlicht bricht sich im Spiegel der Kollektoren und wirft ihr gesamtes Farbspektrum in den Raum. Ein Lichtstrahl der zweiten Sonne trifft sein Gesicht. Ein Gesicht, dem man nicht ansieht, daß es zweihundertvierzig Jahre alt ist.

Anon erhebt sich und geht langsam und in Gedanken versunken in Richtung der Aussichtsplattform. Ein kurzer und tiefer Ton läßt ihn innehalten und unterbricht die Stille im Raum. Er neigt nur leicht seinen Kopf zur Seite und lächelt dabei, denn er kennt diesen Ton. Soeben wurde das Kraftfeld seiner Schlafstätte deaktiviert. Mit einer Handbewegung öffnet Anon den Ausgang zur Aussichtsplattform. An einem anderen Tag würde er diese Handbewegung nicht benötigen. Die Kraft seiner Gedanken hätte dafür ausgereicht, doch heute fehlt es ihm an der notwendigen Konzentration. Zu sehr ist er damit beschäftigt, den Ablauf der Zeremonie durchzuspielen. Er atmet die klare Luft mit tiefen Zügen ein und schließt dann beim Ausatmen immer wieder seine Augen.

Nur beiläufig und anteilnahmslos betrachtet Anon das Treiben unter sich. Keilförmige Transportschiffe bringen Menschen und Sirianer zu ihren Arbeitsstätten. Holographische Landschaftsbilder projizieren sich am Firmament, wechseln mit Bildern von lachenden Kindern.

Die zweite, künstliche Sonne steht jetzt in ihrem Zenit. Vor circa sechzig Jahren wurde sie gezündet. Sie ist sein Baby. Ein halbes Leben hat Anon damit verbracht, seine Theorien in die Praxis umzusetzen. Er hat ihnen getrotzt, den Zweiflern, Nörglern, den Besserwissern und sich schließlich doch gegen alle Widerstände durchgesetzt. Seine Berechnungen waren exakt gewesen und er hatte viele Gönner. Der größte Gönner aber war die Notwendigkeit. Unvorhersehbare Veränderungen im Schwerkraftfeld der Sonne forderten eine schnelle Lösung. Satelliten und Raumstationen stürzten ab. Die Planeten veränderten ihre Umlaufbahnen, drohten zu kollidieren und der Erde stand ein schneller Tod bevor.

Mit Hilfe der Sirianer und einem ausgesuchten Wissenschaftsteam, dem Anon vorstand, konnte das Unglück noch rechtzeitig verhindert werden.

Es war die letzte Aufgabe, die Anon zu bewältigen hatte. Noch einmal läßt er die Bilder all seiner gelebten Leben vor seinem inneren Auge ablaufen.

Er sieht sich als Sklave in Mesepotamien; er war ein Krieger unter "Karl dem Großen"; liebender und treuer Ehemann; Raubritter während der Kreuzzüge; wurde vergewaltigt und ermordet im dreißigjährigen Krieg; lebte im Luxus zur Zeit von "August dem Starken"; war ein behindertes Kind im zwanzigsten Jahrhundert; genialer Musiker und Dichter in den Jahren 2121 bis 2206 und Raumfahrer in seinem vorherigen Leben. Mehrere Rückführungen in bereits gelebte Leben sind heute Bestandteil allgemeiner, medizinischer Betreuung.

Seine Eltern hat Anon niemals zu Gesicht bekommen. Er ist ein Kind der Zeit.

Nur wenige Erdenbewohner haben noch das Glück, leibliche Eltern zu besitzen. Anons Leben verlief ziemlich ruhig und gleichmäßig. Wie die meisten Menschen erhielt er die weltliche Fürsorge und erlebte Kindheit, Ausbildung und Arbeit ohne größere Schwankungen. Bis zu dem Tag, an dem die Veränderungen im Schwerkraftfeld der Sonne auftraten. Jetzt hatte er eine Aufgabe gefunden. Mitzuhelfen, die Erde zu retten. Und er hat sie gelöst.

Eine weibliche Stimme reißt ihn aus seinen Erinnerungen.

Fatma steht unmittelbar hinter ihm. Eine Frau im mittleren Alter mit kurzem, dunklen und kräftigen Haar. Ein schlanker Hals sitzt auf zierlichen, fast zerbrechlich wirkenden Schultern. In ihren Händen hält sie einen bläulich schimmernden Kristall und reicht ihn Anon mit den Worten:

"Gesegnet sei Dein Leben," begrüßte sie ihn. "Ich habe Dich gar nicht kommen hören. Ich war wohl zu sehr mit meinen Gedanken beschäftigt", antwortet Anon und fuhr weiter fort:

"Liebe Deiner Seele."

Er nahm den Kristall entgegen und spürte die unsichtbare Kraft, die aus ihm kam.

"Es ist soweit", preßt Anon heraus.

Fatma nickt bejahend den Kopf. Anon glaubt eine Träne auf ihrer Wange zu erkennen.

"Du brauchst nicht zu weinen", tröstete Anon sein Gegenüber. Seine rechte Hand faßte behutsam unter Fatmas Kinn und hob es leicht an, so daß er direkt in ihre wasserblauen Augen sehen konnte.

"Wir werden bald gemeinsam träumen, und das weißt Du."

Fatma stieß in der letzten Entwicklungsphase der künstlichen Sonne zu Anons Team.

Von Anfang an empfand Anon Sympathie für diese Frau. Schon am ersten Tag hatte Anon das Gefühl, daß sie schon immer hierher gehörte. Zunächst fand er keine Erklärung dafür. Es war einfach da.
Später, als Anon wieder einmal eine Rückführung unternahm, bekam er die Antwort. Fatma war im Mittelalter seine Frau. Die Gesichtszüge und Gesten, ihre Art zu gehen und besonders der Klang ihrer Stimme, erinnerten ihn heute noch daran. Er hätte so gern ihre Nähe gesucht, aber es blieb keine Zeit für die Liebe. Zu wichtig war die Aufgabe für alle Beteiligten des Forschungsprojektes gewesen. Auch Fatma wußte von ihrer gemeinsamen Vergangenheit. Sie fühlte sich sofort hingezogen zu dem Mann, mit seinem viel zu großen Oberkörper, der etwas zu klein geratenen Nase und den ungeschickt wirkenden Bewegungen. Kein schöner Mann, aber seine Ausstrahlung, sein Wissen, seine Standhaftigkeit und wie er sie ansah, wischte das Manko bei ihr weg. Er hielt ihr Kinn immer noch in seiner Hand. Fatma war es nicht unangenehm und sie wünschte sich, daß er sie in seine Arme nehmen möge.
"Es ist kein Abschied für immer", hört sie Anon sagen und in seiner Stimme lag wieder dieser väterliche Klang, den sie so mochte.
"Ich weiß, aber ich schaffe es einfach nicht, nur meinen Verstand sprechen zu lassen. Ich muß immerhin noch sechzig Jahre hier verbringen, bevor ich Dir folgen kann," antwortete Fatma.
"Was sind schon sechzig Jahre gegen die Ewigkeit im Devachan," versuchte Anon sie zu trösten. Fatma hob leicht ihre Schulter an, als wollte sie sagen:
Aber für mich sind sie die Ewigkeit.
Seine Hände umschlossen wieder den Kristall. Anon senkte den Kopf, und er versuchte Fatmas Blick auszuweichen, ihm war die Situation sichtlich peinlich. Er fühlte sich unsicher, aber nur kurze Zeit später hatte er sich wieder unter Kontrolle.
"Komm, laß uns noch etwas zusammen trinken," forderte er Fatma auf.

"Einverstanden," antwortete sie. Sie war ganz froh darüber, denn sie spürte seine Beklemmung. Es würde die Zeit bis zur großen Reise ins Devachan verkürzen.

Seit Stunden war das große Fest im Gange. Sirianer und Menschen vergnügten sich bei Nektar, mediteraler Musik und Tanz. Es herrschte ausgelassene Stimmung. Nur noch wenige Augenblicke trennten Gäste, Zuschauer und Hauptakteure von dem alljährlichen Höhepunkt der Feierlichkeiten.

Ein Gong kündigte ihn an. Die Tanzenden und Feiernden verstummten augenblicklich. Ihre Aufmerksamkeit galt jetzt ganz dem runden Podest, das sich mitten im Festsaal befand. Über dem Podest öffnete sich die Kuppel des Saales. Ein gebündelter, orangefarbener Lichtstrahl sank langsam von oben nach unten auf das Podest zu und hüllte es vollständig ein.

Tosender Beifall brauste in diesem Moment auf und verebbte sogleich wieder. Ein zweiter Gong ertönte. Wie von Geisterhand schmolz die westliche Wand des Festsaales und Wesen in weißen Gewändern schwebten herein. Vor sich hielt jedes einen bläulich schimmernden Kristall. Mitten unter ihnen war Anon.

Sie schwebten auf das mit orangefarbenem Licht eingehüllte Podest zu. Fatma war starr vor Schmerz. Ihr Herz raste, und sie konnte den Pulsschlag förmlich bis zum Hals spüren. Anon hatte keine Augen mehr für die Menge unter sich. Sanft sank er auf den Boden nieder.

Neben ihm taten dies die anderen gleich.

Anon fühlte sich völlig entspannt, als er seinem Paten den Kristall reichte. Wenn dann der Pate den Kristall an seine Stirn drücken würde, ist Anon nur noch ein Geistwesen. Sein leiblicher Körper wird sich unmittelbar danach auflösen und mit den Atomen des orangefarbenen Lichtes verschmelzen.

Die Reise ins Nirvana, mit der Zwischenstation im "Glücklichen Land", konnte beginnen...

Eine Fiktion oder die Wirklichkeit in zweitausendachthundert Jahren? Vergleichst Du die Evolutionsgeschichte der Menschheit, dann wirst Du eine Besonderheit feststellen. Aus rekonstruierten Knochenfunden und mit Hilfe moderner Forschungsmethoden wissen wir, daß sich der Mensch vom kleinen, gebeugten, muskulösen Wesen im Laufe der Zeit zum immer größer werdenden, aufrechtgehenden und feingliedrigeren Individuum entwickelt hat.
Mitgewachsen ist unser Gehirn und sein spirituelles Bewußtsein.
Eine Evolution in umgekehrter Folge zur körperlichen Entwicklung.

Die Schlußfolgerung daraus wäre, daß unser physischer Körper eines Tages nicht mehr zerfallen wird, sondern eher verdunsten oder durch Verschmelzen mit der Materie den heute bekannten physikalischen Vorgang ersetzt.

Das Bewußtsein wird so weit entwickelt sein, daß Leben - Tod als ein Prozeß betrachtet wird. Ein Zerreißen der Kette oder der Verbindung der individuellen einander folgenden Bewußtseinsphasen vollzieht sich nicht mehr plötzlich. Statt dessen wird es dann ein selbstbewußtes Übergehen in andere Ebenen geben. Dieser Vorgang erfolgt so milde und sanft, so schmerzlos und kaum wahrnehmbar, wie ein Nebelstreif in der Morgensonne vergeht.

Ich weiß nicht, wann das genau geschehen wird, aber ich weiß, daß es geschieht. Da die Natur keine Sprünge in ihrer Entwicklung kennt, sondern Schritt für Schritt vorangeht, werden sicher noch einige hundert Jahre vergehen. Bis dorthin werden wir Menschen noch viele Lektionen zu lernen haben.

Spuren unser Herkunft

Eine der Grundfragen der Menschheit lautet: "Woher kommen wir?"
Dieses Grundrätsel der Menschen dürfte nach heutigem Wissensstand kaum zu lösen sein, wenn wir uns die zentrale Frage, die Gottesfrage, nicht stellen.

Ob die moderne Wissenschaft hier weiterhelfen kann, weiß ich nicht. Ich bezweifle dies. Solange die Wissenschaft nicht bereit ist, ihr begrenztes "Sichtfeld" aufzugeben, wird sie dies niemals schaffen. Der Mensch, der bereit ist, diese zentrale Frage zu stellen, ist auf jeden Fall weiter und wissender, als der bekannteste oder begnadetste Forscher. Er braucht über kein besonderes Fachwissen zu verfügen, um über das "Sein" mehr zu verstehen, als jeder „Doktor", wenn er dazu seine Phantasie gebraucht.

Und doch kann und will ich einzelnen Vertretern der Wissenschaft nicht Unrecht tun. Der wohl zur Zeit bekannteste und genialste Physiker und Mathematiker, Steven W. Hawkings, stellt teilweise unbewußt die Gottesfrage.

Etwas ängstlich, wie mir scheint, verbindet Hawkings in seinem Buch: "Eine kurze Geschichte der Zeit" Heraklits These vom Urfeuer, mit den Urknall-Vorstellungen eines der konservativsten Päpste, Johannes Paul II.

In den siebziger Jahren habe ich mich vor allem mit Schwarzen Löchern beschäftigt, doch 1981 begann ich mich erneut für den Ursprung und das Schicksal des Universums zu interessieren. Zu diesem Zeitpunkt nahm ich auch an einer Konferenz über Kosmologie teil, die von den Jesuiten im Vatikan veranstaltet wurde ...

Am Ende der Konferenz wurde den Teilnehmern eine Audienz beim Papst gewährt. Er sagte uns, es spreche nichts dagegen, daß wir uns mit der Entwicklung des Universums nach dem Urknall beschäftigten, wir sollten aber nicht den Versuch unternehmen, den Urknall selbst zu erforschen, denn er sei der Augenblick der Schöp-

fung und damit das Werk Gottes. Ich war froh, daß ihm der Gegenstand des Vortrages unbekannt war, den ich gerade auf der Konferenz gehalten hatte: die Möglichkeit, daß die Raumzeit endlich sei, aber keine Grenzen habe, was bedeuten würde, daß es keinen Anfang, keinen Augenblick der Schöpfung gibt. Ich hatte keine Lust, das Schicksal Galileis zu teilen, mit dem ich mich sehr verbunden fühle, zum Teil wohl, weil ich genau dreihundert Jahre nach seinem Tod geboren wurde.

Warum scheut hier Hawkings die Konfrontation?
Vor was hat er Angst?
Ist etwa sein Bewußtsein kleiner als vermutet werden könnte?
Oder vertritt er seine Theorien nur gegenüber Seinesgleichen und fürchtet die Kritik Andersdenkender?

Selbst solch geniale Denker wie Hawkings sind zum Scheitern verurteilt, wenn sie nicht bereit sind, ihr Bewußtsein dahingehend zu erweitern, eine Sache „religiös" zu betrachten, denn mit mehr Mut könnte gerade er zu wunderbaren Erkenntnissen gelangen.

Ich jedoch habe die Hoffnung noch nicht aufgegeben, daß er eines Tages für Aufsehen und für ein Umdenken in der Wissenschaft sorgen kann.

Meiner Meinung nach hat das Universum uns erschaffen, um sich selbst zu verstehen. Das Universum als Spielplatz für eine Intelligenz, die Du auch als Gott bezeichnen kannst. Wir sind das Spiegelbild dieser Intelligenz. So, wie wir in den uns bekannten physikalischen Spiegel sehen können, unseren Körper darin erkennen und auch die Teile, die wir ohne Spiegel nicht sehen, so blickt diese Intelligenz (Gott) in den seinen (unsere Welt) und erkennt sich selbst.

An welcher Stelle des Spielplatzes wir ausgesetzt wurden, das zu erforschen, wird der Wissenschaft vorbehalten bleiben und ist nur eine Frage der Zeit.

Dabei wird sie nicht auf die Unterstützung der Religion und der Philosophie verzichten können.

Ich glaube auch, daß es einen zweiten Spielplatz geben muß. Auf diesem, dem "Paralleluniversum", finden wir dann die Polarität wieder. Doch diese Theorie, und alle noch folgenden, sind ebenfalls nur ein Produkt von Gedanken. Alle haben ihren Ursprung und sind entstanden aus der "Einheit".
Ein und derselben Energie, ohne Anfang und Ende.

Meine Empfehlungen an Dich

Alles, was Du bis hier gelesen hast, ist meine Sichtweise von den Zusammenhängen des "Seins" und mein heutiges Weltbild.

Nochmals:
Alles war "Eins", alles ist "Eins" und wird "Eins" sein. Die Welt ist ein Produkt unserer, also auch Deiner, Gedanken. Gedanken manifestieren sich und nehmen feststoffliche Formen an. Sie sind Schwingungsmuster flüchtiger Konzentrationen von Energie.
Befreie Dich von Blockaden alter und überholter Denkmuster. Klammere nicht an der Vergangenheit, sondern analysiere sie und lerne daraus für Deine Zukunft.
Suche nie die Schuld bei anderen, denn Du allein bist für Dein Leben verantwortlich. Sei dankbar für das, was Dir begegnet.
Akzeptiere und toleriere Andersdenkende.
Zeige Mitgefühl, aber kein Mitleid. Laß die Liebe in Dir zu, denn sie ist die größte Kraft des Universums.
Gib niemals ein Heilversprechen ab. Gebrauche Dein Wissen nur, um Gutes zu tun.
Vertraue Deiner Intuition.
Denke stets daran: Die Essenz Deines Wesens ist energetisch.
Du bist immaterieller Geist und Kanal göttlicher Energie.
Du bist einzigartig. Hier bist Du Mensch, hier darfst Du sein.

Literaturnachweis

Cayce, Edgar: *Über das Höhere Selbst,*
Wilhelm Goldmann Verlag, München 1995

Cayce, Edgar: *Awakening your psychic powers,* Harper & Row, San Francisco 1988

Cayce, Edgar: *On the Secrets of the Universe and how to us them in our life,* Association for Research and Enlightment, Inc., New York 1989

Dethlefsen, Thorwald: *Schicksal als Chance,*
Wilhelm Goldmann Verlag, München 1988

Hochenegg, Leonhard Dr. med.: *Das Wunder der Heilung,*
W. Ludwig, München 1995

Küng, Hans: *Existiert Gott?*
R. Piper & Co. Verlag, München 1978

Purucker, Gottfried von: *Geburt und Wiedergeburt,*
Studiengesellschaft
Esoterische Philosophie, Hannover 1988

Sandvoss, Ernst: *Sternstunden des Prometheus,*
Insel Verlag, Frankfurt am Main und Leipzig 1996

Young, Alan: *Das ist Geistheilung,* Hermann Bauer Verlag,
Freiburg 1993